（左上）フランクルが戦後1946年から1970年まで神経科部長を務めたウィーン・ポリクリニック（総合病院）。ヴィクトール・フランクル博物館から道路を渡ってすぐのマリアンネガッセ10番地にある。（右上）ポリクリニック内部。フランクルのオフィスは3階にあった。（左下）フランクルの生家の案内板。「精神科医・心理学者のヴィクトール・E・フランクルが1905年の誕生から1942年に強制収容所に移送されるまでこの家に住んでいた」と書かれている。（右下）ウィーン・ツェルニンガッセにあるフランクルの生家の建物。（撮影：竹之内禎）

（左）フランクルが戦後に住んでいたウィーン・マリアンネガッセ1番地の自宅。現在は
ヴィクトール・フランクル博物館がある。入口には、フランクルが住んでいたことを示す
案内がある。（右）マリアンネガッセ。フランクル博物館は右奥の角。ポリクリニックは
手前の左側。正面はウィーン大学。（撮影：竹之内禎）

生きる意味の情報学

共創・共感・共苦のメディア

竹之内 禎 編著

東海大学出版部

Informatics of the Meaning of Life
Edited by Tadashi Takenouchi

Tokai University Press, 2022
Printed in Japan
ISBN978-4-486-02189-6

目　　次

序　章
生きる意味の情報学

竹之内禎

ロジックの情報学からロゴスの情報学へ

　情報学（informatics）とは、広い意味での情報に関わる諸現象、言い換えれば情報の「意味作用」を対象とした研究領域である。情報学といっても対象領域はさまざまで、代表的なものとして基礎情報学、社会情報学、図書館情報学などの分野がある。そのほか、分野の名称を冠した〇〇情報学と名の付くものは数多い。ここでは、そうした分野別の分け方ではなく、「ロゴス（人間の生きる意味）」と「ロジック（論理的な意味）」の区別により、「ロゴスの情報学」と「ロジックの情報学」の違いを描いてみたい。

　オーストリアの精神医学者ヴィクトール・E・フランクル（Viktor Emil Frankl, 1905〜97）は、「ロゴスはロジックよりも深遠だ」（*Logos* is deeper than logic）と述べている[1]。ロジックは言語で表現することが可能だが、そこに限界もある。ロゴスは必ずしも言語化できない、人にとっての生きる意味である。

　端的にいえば、ロジック（論理的な意味）の情報学とは、AI技術に代表されるデジタル情報処理技術の追求により、効率性の実現を中心的な課題にする情報学である。これに対し、ロゴスの情報学（生きる意味の情報学）とは、人が生きる意味を発見・実現することを、情報現象との関わりの中で明らかにしたり、支援したりすることを中心的な課題にする情報学である。

　情報はそれが認識されて初めて意味を成す。印刷物や電子メディアがあって

---

[1] Viktor E. Frankl "Man's Search for Meaning", Rider, 2008, p.122

も、そこから「意味」を読み取る人がいなければ、それらは物理的な存在にすぎない。そこに意味を読み取るのは生命体である。生命体が何らかの刺激を受け取って、自らの内側に意味を形成する。つまり情報とは、「生命体の内部に形成される意味作用（in-formation）」である。それゆえ、情報が意味として認識されることと、生命あるものが意味を認識することとは、不可分一体のものである。

　では意味とは何か？　ここで問いたいのは「意味の意味」という論理学的な話ではなく、「私たちが生きることに意味を与えるものは何か」、「生きるうえでの大切な意味とはどのように見出されるのか」という、ロゴスに関わる問いである。

二つの課題

　この問いに関連して、情報学の観点から二つの課題が見出される。

　第一に、AI（人工知能）の開発が進み、人間の仕事の代わりをするロボットが登場し、人間自身の代わりをするロボットも現れようとするAI時代において、人間の存在意義を担保するものは何か、という問題である。効率性だけをみれば、人間よりも情報処理速度が高いロボットのほうが優れているかもしれない。だがロボットが持っておらず、人間が持っている「生きる意味」の次元がある、とも考えられる。もしそのような意味の次元がない、と考えれば、そのような見方は、人間をただの（より劣った）情報処理機械としか見ない唯物論に陥る。それは、人間の尊厳のような価値を認めない虚無主義に容易に転化する。そこから「有用でない機械は廃棄すべき」、「有用でない人間は生きる価値がない」という発想までは皮一枚である。それゆえ、人間のための情報学は人間にとっての意味、それも生きる意味という根本問題に立ち返り、人間が持つ固有の意味の次元を明らかにしなければならない。

　第二に、人の生活を便利にするための道具として作られたはずの情報機器に、逆に人間が縛られ、効率性向上のための道具として振り回される状況が生まれているという事情がある。あるいは、ストレスからの逃避としてのネット・ゲーム依存という問題もある。このように、便利なはずの情報機器の使用が人の生きる意味の発見・実現を妨げる要因となる場合もある。だがそれとは逆に、

情報機器、情報メディアの活用によって、それまでになかった可能性が開けることもある。たとえば、視覚障害者は音声読み上げソフトを組み込んだ情報機器とインターネットを利用することで、それ以前は他者の補助がなければできなかった多くのことを独力で成し遂げることができるようになった。これは、情報技術が生きる意味の充実に寄与する可能性を開いた例と考えることができる（だが、同時に新たなスキルをつねに修得する必要に迫られ、負担が増えている面もある）。このように、情報メディアの利用が生きる意味の充実に寄与したり、逆にそれを妨げたりする要因について明らかにすることが、生きる意味の情報学というキーワードで考えるべき第二の課題である。

二つのアプローチ

　この二つの課題には、理論と実践の二つのアプローチが対応する。

　理論的アプローチは、生きる意味の思想そのもの、及びその実践の情報学的解釈という形をとり、人間固有の意味の次元の解明を目指す。

　実践的アプローチは、生きる意味の充実に資する情報メディアの活用に関わる事例研究という形をとり、情報メディアの利用と生きる意味との関係の解明を目指す。

　本書の理論的アプローチとしては、フランクルの「生きる意味」の思想を手がかりに、人間に固有の意味の次元ないし価値の領域の一端を明らかにすることを試みる。フランクル思想の情報学的解釈は、拙編著訳『情報倫理の思想』[2]にその一部を述べている。他の観点から「生きる意味」に迫る情報学的な理論研究としては、基礎情報学に代表されるネオ・サイバネティクスの研究者たちによる「自律性」や「階層的自律コミュニケーションシステム（HACS）」に注目した研究が参考になる[3]。

---

[2] 西垣通，竹之内禎共編著訳『情報倫理の思想』NTT 出版，2007．第 6 章「情報エコロジーとしての情報倫理学」

[3] たとえば，竹之内禎，河島茂生編著『情報倫理の挑戦──「生きる意味」へのアプローチ』学文社，2015．河島茂生編著『AI 時代の「自律性」──未来の礎となる概念を再構築する』勁草書房，2019．河島茂生，久保田裕著『AI×クリエイティビティ　情報と生命とテクノロジーと。』高陵社書店，2019など．

本書の実践的アプローチとしては、フランクルが創始したロゴセラピー（意味中心療法）の観点から、音声や言語による表現、情報メディアの製作、利用、あるいは情報発信と生きる意味に関わる実践の紹介あるいは事例の考察というスタイルで、そのうちいくつかの事例は、インタビュー形式となっている。インタビューでは「生きる意味」の論点を重視したため、「情報現象」をストレートに扱ったものではない内容も多くなったが、これらを素材として、さらに情報学的な解釈を展開することも可能であろう。

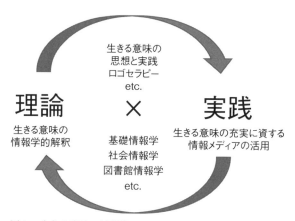

図1　生きる意味の情報学の二つのアプローチ

本書の構成

　本書は4部構成、序章と終章を含め全14章で構成される。

　第Ⅰ部「生きる意味の思想と実践」は、本書全体の土台となる考え方と実践を述べた二つの章と二つのコラムからなる。
　第1章「フランクル・ロゴセラピーの世界」では、日本ロゴセラピスト協会の創立者で会長の勝田茅生氏にロゴセラピーの概説を書き下ろしていただいた。とくに、創造価値、体験価値、態度価値の三つの価値概念の解説は、本書を通じての基本となる考え方であるため重要である。勝田氏はロゴセラピーを日本で普及させるためロゴセラピーゼミナール（通称ロゴゼミ）を主宰されており、

編者を含め、本書の執筆者の多くはその薫陶を受けている。勝田氏はウィーン・ヴィクトール・フランクル博物館の日本語展示案内の翻訳も担当されている。

第2章「ロゴセラピー実践の具体的ツール──「意味発見シート」の開発」では、日本ロゴセラピスト協会元事務局長で琉球大学准教授の草野智洋氏が開発した「意味発見シート」をご自身に解説していただいた。

コラム①「蝋燭は燃えるために」では、エリザベート・ルーカスの「蝋燭をめぐる省察」を紹介した。

コラム②「ライフテーマを探る」では、人生を貫く一本の意味の糸である「ライフテーマ」を対話によって導き出した事例が述べられている。

第Ⅱ部「自己実現から意味実現へ」は、フランクルが挙げた三つの価値のうち、主に「創造価値」と関連づけた内容であり、四つの章と五つのコラムからなる。

第3章「自己実現から意味実現へ──ロゴイストのすすめ」では、精神保健福祉士で日本ロゴセラピスト協会前事務局長の岩田考司氏を語り手に、編者の竹之内がインタビューを行った。岩田氏が考案した「ロゴイスト」という概念の説明とともに、創造価値が実現される代表的な場である「仕事」についての考え方が述べられている。

コラム③「LIFE の核は IF」は、過去の IF（もしも）を、ロゴセラピーの観点から未来に向けた IF で置き換える思考実験の提案だ。

コラム④「人生の岐路に向き合う」では、窮地にあって「よかったことは？」とあえて尋ねたことから得られた発見が功を奏した事例である。

第4章「声に乗せて届ける」では、宮城県仙台市在住のフリーアナウンサー、朗読家の渡辺祥子氏が自らも被災地の住人として東日本大震災を経験しながらロゴセラピーの真価に気付いていったプロセスが綴られている。

コラム⑤「通訳という仕事」では、言葉だけでなく当事者の思いの媒介者となるときに場が動き出すことが示されている。

第5章「ボランティアを通じた創造価値」では、視覚障害者のための録音図書を製作するボランティアに長年携わってきた丸山優子氏にインタビューを行った。自らの社会参加という目的から始めたボランティアが、創造価値にまで

昇華していった様子が窺える。

コラム⑥「光のなかにいる私」では、人間の知性ではとらえられない、完全には言語化されない意味の次元を想定してこそ生きる意味が根拠づけられる、という論点について述べた。

第6章「見えない世界を生きる原動力」では、弱視の視覚障害を持ちながら、メンタルスキル講座からの学びで前向きな姿勢を取り戻し、地域の視覚障害者のための活動を行っている小林陽子氏にインタビューを行った。

コラム⑦「創造価値はプライスレス」では、アンドリュー・カーネギーらの寄付活動と思想を紹介し、その内面的価値に注目した。

第Ⅲ部「LIFE からの贈り物」は、主に「体験価値」と関連づけた内容であり、四つの章と四つのコラムからなる。

第7章「絵本セラピーとの出会い——言葉の奥にある compassion」では、絵本セラピストの平塚園枝氏にインタビューを行った。人との出会いが絵本との出会い、ロゴセラピーとの出会いになり、両者の出会いがまた新たな体験価値を生んでいる様子が語られている。

コラム⑧「暮らしの風景を生きる」では、「暮らしの風景」の中に、生きる意味が埋め込まれているとし、さらに、自らの在処の魅力を見出していく河井孝仁の「シティプロモーション」の考え方も参考になると示唆されている。

第8章「読書の体験を伝える——読書感想文とビブリオバトル」では、情報学を専門とする西田洋平氏と、編者の竹之内が共同で講師を務めた、平塚市中央図書館での読書感想文の書き方講座とビブリオバトルの連続講座を例に、読書の体験を伝える方法と意義について述べた。

コラム⑨「本で旅する／本が旅する」では、特定地域にちなんだ本で心の旅を楽しむ取り組みと、「旅する絵本♡」の社会実験を紹介した。

コラム⑩「登山は哲学とともに」は、フランクルの人生に登山が深く関わっていたという観点から読むと意義深い。「ロゴセラピーに次いでフランクルが熱狂的に力を注いだのは、登山だった」[4]、「彼は登山で疲労することはあって

---

[4] ハドン・クリングバーグ・ジュニア著，赤坂桃子訳『人生があなたを待っている　2〈夜と霧〉を越えて』みすず書房，2006，p.370

も、登山に飽くことはまったくなかった」[5]。フランクル夫妻の義理の息子であるフランツ・ヴェセリ氏は、「登山が彼にとっていかに大切かがわからないと、ヴィクトールそのものを理解できないと思いますよ。義父は登山に取り憑かれていましたからね」[6]と述べたという。フランクルは自分の心理学を、深層心理学ではなく高層心理学と呼んだ。登山の体験と高所から見渡す光景は、フランクルの原風景の一つでもあるのだろう。

第9章「精神次元を体験する旅——消費の観光を超えて」では、ドイツ出身で国際観光学及び景観計画を専門とするローレンツ・ポッゲンドルフ氏にインタビューを行った。一般的な消費中心の観光は、一時期の楽しみが終わるとまた元の生活に戻ってしまい、旅の思い出もやがて薄れていくが、精神的な意味を体験する旅は、それによって新たに獲得するものがあり、その人自身を変え、体験価値として永く記憶に留まるという。

コラム⑪「"Enjoy each moment!"」は、筆者がエリー・フランクル夫人を訪問したときの印象を綴ったものである。

第Ⅳ部「苦悩の中の意味」は、「態度価値」あるいは苦悩の体験と関連づけた内容であり、三つの章と一つのコラムからなる。

第10章「ネット・ゲーム依存は子どものSOS」は、ロゴセラピストでもある精神科医の智田文徳氏に、ネット・ゲーム依存に陥る子どもの背景や、その予防についてご執筆いただいた。大人でもネット依存の傾向が強い人は多くいると思われるが、「依存の傾向がある」という状態を超えて「依存症」の状態になると、もはや、個人の意志の力では克服できない病的な状態で、病院での治療が必要となる。これは、ロゴセラピーでいうところの心身態の病気のために、精神次元の働きが見えなくなる状況だといえる。ネット依存を克服し、精神次元の力を再び発揮できるようになるためには、心身態のケアとして、話せる人の存在が必要だと指摘されている[7]。

---

[5] 同上，p.370

[6] 同上，p.378

[7] 情報学者の河島茂生は，ネット依存において失われる身体性の回復という点に注目した議論を展開している（前掲『情報倫理の挑戦』第2章「インターネット依存——ネット空間に見出す自己肯定感と責任意識」）．心身態は身体次元と心理次元からなるもので（第1章，

コラム⑫「ほんにかえるプロジェクト」では、本と手紙を通じた受刑者支援の活動について紹介した。

　第11章「喪失体験と意味の回復」では、大井奈美氏による既刊の論文から生きる意味に関わる論点を抽出し、喪失体験の本質が意味の喪失にあること、そして、精神次元の意味の回復が喪失体験を生きのびる鍵であり、悲哀としての悲しみが「愛しみ」に変わる契機でもあることが述べられている。

　コラム⑬「「閉じたシステム」の自由と責任」では、情報学の「閉じたシステム」という言葉が生命の特質を表すものであり、日常的なイメージとは異なることを説明している。

　第12章「それでも人生にイエスと言う」では、苦悩する人々に寄り添いつつ取材し記事を書いてきたジャーナリストの河原理子氏が、フランクルの『夜と霧』を通じて得た出会いを振り返りつつ、死の病さえも「運命の贈りもの」と思える力、「悲しみをてこにして飛躍する」という力を持つ人々があることを、お二人の方の体験を描くことで示してくださった。そして、自らの役割を「癒すこと」「何かしてあげること」ではなく「傍にいること」と表現された。

　終章「共創・共感・共苦のメディア」では、筆者の専門である図書館情報学の立場から、図書館という場に注目し、ロゴセラピーから見た図書館の持つ可能性について考察した。一つの事例として「図書館」という場を取り上げたが、これを他のものに置き換えて、各々の持ち場で「共創・共感・共苦のメディア」としてのあり方を考える手がかりにしていただければ幸いである。

　第2章参照)．話せる相手の存在は心理次元の支えになるが，それとともに，身体次元のケア，つまり，河島の指摘する「身体性の回復」という論点も重要と思われる．

第 I 部

生きる意味の思想と実践

……生きる意味を一般論で語ることはできないし、この意味への問いに一般論で答えることもできない。ここにいう生きることとはけっして漠然としたなにかではなく、つねに具体的ななにかであって、したがって生きることがわたしたちに向けてくる要請も、とことん具体的である。この具体性が、ひとりひとりにたったの一度、他に類を見ない人それぞれの運命をもたらすのだ。……具体的な状況は、あるときは運命をみずから進んで切り拓くことを求め、あるときは人生を味わいながら真価を発揮する機会をあたえ、またあるときは淡々と運命に甘んじることを求める。……そしてその答えは、具体的な状況にすでに用意されているのだ。

――ヴィクトール・E・フランクル著，池田香代子訳『夜と霧　新版』
　　p.130～p.131

第1章
フランクル・ロゴセラピーの世界

勝田茅生

ロゴセラピーの100年

　ウィーン生まれの精神科医ヴィクトール・E・フランクル（Viktor Emil. Frankl）は、ウィーン大学で医学の勉強を始めてまもない1926年、ある講演で「ロゴセラピー」という新しい心理学的概念を使いました。

　ロゴセラピーというのは、「意味（ロゴス：logos）」と「治療（テラピア：therapía）」という二つの古代ギリシア語を合成して作られた言葉です。このことからも「ロゴセラピー」というのは「意味」を軸にして心の問題を癒すというセラピーを意味していることがわかります。ところでロゴセラピーというのは一体どのようなセラピーなのか、それをここで簡単にお話することにしましょう。

「自己教育」としてのロゴセラピー

　ロゴセラピーというのは、その内容を正確に学んで理解した人なら誰にでもわかることなのですが、これは本当のところ「セラピーのための治療方法」ではなく「自己教育」の指針だということができるでしょう。「自己教育」つまり「自分で自分を教育する」ということですが、それは一体何を意味しているのでしょう？

　フランクルがロゴセラピーを考案した当時は、欧州でも日本と同じようにほとんどの人がまだ社会的な制約に縛られていました。つまり若い世代の人々で

も、伝統的思想、社会道徳、親の人生観などに自分の生き方を合わせなくては社会生活に根を下ろすことができないような状況にいたといえるでしょう。つまり職業の選択、友人関係の選択、結婚相手の選択などは、親や上に立つ人の命令や指示に従うことが通常だったのです。ところが第二次世界大戦のあと先進国といわれる民主主義国では、そのような足枷に縛られることはほとんどなくなりました。つまりほとんどの人が法的な「自由」を獲得したと言えます。一般社会人なら誰でも自分自身の考えで人生を創り上げて行くことができるようになったのです。

　けれどもこの一見して自由な日常生活の中で、人間は本当に自分自身の生き方を自律的な態度で真剣に考えるようになったのでしょうか？　自分が「一体どのように生きることに意味があるのか」、「どのように生きていったら、満たされた気持ちになれるのか」、その問いかけに対する答を自分で探そうとする人はほとんどいないと思います。答えを得るためにわざわざセラピーやカウセラーに出かける人もいないでしょう。たとえそこで何らかの示唆を得たとしても、それは自分自身の自由な生き方につながるとは限りません。中には貴重な「自由」を持て余し、一体何をして良いのかがわからず、うつ病になったり、アルコール、麻薬、コンピューターゲーム、買い物あるいは摂食障害などの依存症に陥ったあげく健康を侵す人も出てきます。しかもその傾向は、生活水準の高い国で（つまり自由の度合いが高い環境であるほど）年々増加し、年齢も低下しています。

　このように一般に自由を謳歌して、何の問題なく平和な毎日を過ごしている人は、自分がどのような態度で人生を送っているか、それを振り返るチャンスがほとんどありません。けれども長い人生の間にはできれば避けたい問題が起こる可能性は十分あるのです。たとえば頼りにしていた親が亡くなった、経済的に（あるいは健康を害して）勉強を続けることができなくなった、職場の上司とうまく折り合えなくなった、リストラに遭った、パートナーと深刻な仲たがいが始まったなどがその例です。

　このような大きな危機に襲われたときに人はとても苦しみます。その心の苦痛を何とかして解消しようと、ほとんどの人が解決の糸口を探し始めるといえるでしょう。問題は、個人の自由を謳歌している社会では、大昔から伝えられた智慧を模範にしたり、伝統的な教えをそのまま自分の状況に当てはめること

ができなくなっていることです。このようなときには辛さに耐えかねてセラピストのところへ相談に行く人もいるし、先に書いたように利那の快楽を求めて依存症になる人もいます。けれども、「自分でこの問題を解決しよう」と立ち上がる人も少なくありません。

このように自分の力で何とかしようと努力する人の中には、図書館や本屋へ出かけて、その問題に答えられるような本があるかどうかを探し求める人は少なくありません。壁に突き当たって悩んだ経験のある人々から、「悩みに答えてくれる本を偶然見つけた」という話を聞くことがあります。そしてその中に「フランクルの本が《偶然》目に入った」そして「その本のお蔭で頑張る力をもらえた」、「どういう方向へ行ったらいいのかが理解できた」、という風に糸口を見つける人も数多くいるのです。

このように、何かの大きな問題にぶつかったときに私たちは「自分で自分を教育」する道を自ら探し当てることができるともいえるでしょう。ここに危機の中のチャンス(好機)が姿を現わします。つまり人生でとても困難な問題にぶつかるということは、今まで自分が知ることがなかったまったく新しい道が開かれ、思いもかけなかった素晴らしい力が芽を吹き出す可能性がある、ということなのです。

ロゴセラピーというのは、このような困難な状況にいる人たちが新しい観点から自分の人生を見直すために最適な方法だろうと思います。というのも、これは各人が自分の生き方を見直して改善することができるように「教育」してくれるからなのです。

そしてそれも自分で自分を教育する「自己教育(ロゴペダゴーギク: Logopädagogik)」だといえるのです。

具体的な「意味」

ロゴセラピーの要になるのが、その名前の通り「意味(logos)」です。けれどもこの「意味」が何かということを抽象的に考えるのはあまり意味がないのです。なぜ意味がないかといえば、「意味」というのはそもそも具体的な一人の人間が、具体的な一つの状況の中だけで把握できる具体的な課題だからなのです。

たとえばどこかの駅のホームの上で電車を待っている間に、突然大きな地震が起こったとします。その同じホームにいた人たちは、それぞれ今自分が何をすべきかをとっさに考えることでしょう。ほとんどの人々は出口をめがけて走り出すでしょう。すぐ携帯で家族の安否を知ろうとする人もいるでしょう。多くの人々が急激に動き回る中で親を見失って泣き出す子どももいるはずです。転んで起き上がれない足の不自由な高齢者もいるかもしれません。気分が急に悪くなってその場に座り込んでしまう人もいるかもしれません。ホームで指示を与える放送が流れても、その意味がわからない外国人が戸惑っているかもしれません。このようにほんの一瞬の出来事でも、そこに本当にさまざまな人々のさまざまな反応があり、自分でも何をしていいのかさえわからない状況が起こることもあるのです。

　このようなときに、自分が何をすることに最も「意味」があるのかは、実際にその場にいなければわかりません。つまりそれを抽象的に思案することは不可能です。子どもを見失った人は、子どもを探そうと必死になるでしょう。倒れている老人や気分の悪い人に目が行けば、自分が逃げるよりも先にその人を助け起こそうとする人もいるかもしれません。困っている外国人や気分の悪い人を外に助け出そうとする人もいるはずです。あるいは駅の外に出るよりホームの上にいたほうが安全だと判断して周囲に警告する人もいるかもしれません。

　このようにたった一つの具体性な状況を考えただけでも、この状況の中でどうすることに「意味」があるかを一つだけ選択することはほぼ不可能だということがわかります。それどころか具体性の欠けた理論の中だけで「意味」を扱えば、「意味」の持つ非常に広い可能性が狭められてしまうこともあるのです。というわけでロゴセラピーの軸になる「意味」というのは、つねに具体的な例の中で考えなくてはならない問題だということがわかります。

　　「そのつどの具体的な《私の》生き方を考えずに、抽象的に《一般的な》人生だけを念頭に置いて、これに意味があるかないかと問いかけることは実際のところ無意味です。というのも、このような問いかけは間違っているからです。」（Viktor E. Frankl, *Ärztliche Seelsorge*, 1997, S.96）

「意味」を支える「価値」

　上に挙げた例のように、一つの状況の中にも多様な行動があるわけですが、その内のどれに真実の「意味」が潜んでいるのかをロゴセラピーの観点から考えてみましょう。真実の「意味」というは、自分にとって利益のあること、都合の良いこと」ではなく、「世界全体にとって善いこと」「世界中に住む人間にとってかけがえのない尊い価値のあること」を実現させる客観的な可能性のあるものです。つまりどんな時代のどんな民族のどんな状況の中にあっても「何か非常に尊いもの」として感じ取れる普遍性を備えていなければならないのです。フランクルは「意味」の根底にこのような「普遍的な価値」があるときに、「意味」が初めて客観的になると考えました。

（1）フランクルの考える「価値」

　それではその「尊い価値」とはどういうものか、それを簡単にお話しましょう。およそ私たちが生きている間に、自分自身の力で実現できる価値は無数にあります。それをすべて統合した上で考えると、この全体を３種類の価値グループに分類することができるとフランクルは提唱します。それは、１）創造価値、２）体験価値、３）態度価値の三つです。

　ここでは、フランクル自身の人生を例に挙げながら、この価値について説明したいと思います。

１）「創造価値」という価値グループ

　フランクルは高校卒業までは特別成績優秀な生徒というわけではなかったそうです。けれども勉強をそれも怠けて学業をなおざりにしていたわけではなく、本当に自分の関心のあることだけに最大の力を注いでいたのです。最も関心があったのは、一つは社会主義的な政治活動。そしてもう一つは当時注目されていた心理学研究でした。

　ことにジークムント・フロイトによって創設された精神分析はフランクルの興味を引きました。彼は高校在学中にフロイトの公開講演に出かけ、その精神分析についてすでにかなり深く学んでいたようです。けれどもこの心理学主義

派が、人間の行動をすべてリビドー（性的本能）との因果関係で説明しようとすることに自分の考え方との相違を感じました。

　そしてウィーン大学の医学部へ入学したあとではアルフレッド・アードラーの個人心理学派に所属するようになります。彼はここで人間の心理的現象を本能的衝動よりも共同体との関わり合いの中での解明することに新しい可能性を感じ、基礎教程中でも講演をしたり論文を書いたりしていました（この頃「ロゴセラピー」という概念を使うようになったのです）。

　ところが彼は突然、アードラーの学派から破門されることになりました。というのも、心理学的な病的症状の発生についての解釈に関して、師アードラーの意見とは異なる立場を取ったからでした。フランクルは意見の相違はあっても、アードラーとそれについて議論する余地はあると楽観的に考えていたのです。けれどもアードラーはことさら自分の権威を重視する学者だったので、公的な場で批判されたことを赦せなかったのです。もし仮にフランクルが自分のキャリアや業績評価だけを将来の夢としていたとしたら、利益の恩寵にあずかるために著名な師の意見に順応し、自分自身の見解を正直に貫こうとはしなかったことでしょう。学術的な進展の場を失ったフランクルは、当初非常に困惑しましたが、結局これが契機となって、ロゴセラピーの考えを独自に進めていくことになりました。

　ちょうどその頃、世界経済恐慌がヨーロッパ全土を襲いました。ウィーンでは生活基盤を失って動揺している若い人たちのために有名な心理学者シャルロッテ・ビューラーなどが中心になって相談所が公的に創設されました。医学生だったフランクルは、ここでメンタルケアの活動に積極的に参加するようになりました。はからずもここでの経験がロゴセラピーの有効性を裏付けることになります。というのも、人間は何か「意味」や「価値」のあることをすることによって、苦難にもかかわらず生きようとする前向きな態度が生じて来ることを目の当たりにしたからなのです。

　1938年に大学を卒業したフランクルは、ロゴセラピーの有効性を試そうと自分の心理治療の診療所を開設して意気込んでいました。けれども数か月後にナチス・ドイツ軍がオーストリーに進軍して国の統制を始めると共に、あっという間にユダヤ人市民に対する徹底的な差別と迫害が国中に広がって行きました。ユダヤ人のフランクルは診療所の閉鎖を余儀なくされ、ウィーンのユダヤ人専

用病院で働くことになりました。

　ユダヤ人の差別・迫害はどんどん拡大して極端に走り、これを悲観して自死を企てるユダヤ人の数は増加しました。そのためフランクルの勤務先の病院にも毎日多くの自殺未遂者が搬送されました。彼はこの人々が死を選ぶほど絶望していたことにある程度の理解を持っていましたが、病院に運ばれて助かる可能性のあった人たちをできるだけ救済しようと毎日尽力したのです。けれどもそれだからといって、生還した人たちから感謝されるということはありませんでした。むしろ「なぜ私を死なせてくれなかったのか」と彼を責めなじり寄る人のほうが多かったのです。

　フランクルはのちに、「蘇生治療で生き返った人々は、この人生でまだ何か果たすべき任務があったからこそ生き残ることができたのだと思う。当人がその時にはこれを理解できなかったとしても」ということをインタビューで話しています。つまり、「この人たちは人生でまだ果たすべき課題が残されているが故に生き残ったのだ」と解釈したわけです。ここにフランクルの人生に対する考え方がよく表れていると思います。人生というのは、不快なことは避けてただ楽しく愉快に過ごすための場なのではなく、「誰か他の人のために、あるいは何か他のことのため」に、つまり「尊い価値」の実現のために、そこでできる限りのことをしようと尽力する場なのだ、と彼は考えていたのです。

　それを今度は自分の身で試す契機がフランクルに迫りました。ユダヤ人迫害がますます昂じる中で、フランクルは強制収容所に収容される前にアメリカ合衆国へ移住しようと考えました。命が助かれば、そこでロゴセラピーをさらに発展させて多くの悩む人々を助けられるはずだと考えたのです。アメリカからの滞在許可証が下りることが決まったとき、両親は息子がアメリカで生き延びて心理学の研究を続けられることを心から喜んでくれました。けれどもフランクルはたとえロゴセラピーのためとはいえ、自分自身の身の安全のために老いた両親を放って逃げるわけにはいかないと思い至りました。数日悩んだ末にフランクルはウィーンに残ることを決めました。たとえ強制収容所に入るとしても、最期まで両親に寄り添おうと決意したのです。

　ここで彼が下した決断は、「仕事」つまり自分の頭の中で想定された「創造的価値」をさらに積み重ねていくことではなく、むしろそれを完全に諦めることでした。そしてその代わりに自分以外の「誰か」を気遣おうとしたのです。

たとえ命が助かって偉大な功績を積み上げ、周囲から拍手喝さいを浴びることになったとしても、もしそこに「誰か」「何か」を犠牲にすることがあったら、それは真実「客観的な価値あること」とは言えない、とフランクルは考えたのです。このフランクルの決断には深い「精神的な愛」が働いていたといえるでしょう。

2）「体験価値」という価値グループ

大戦後収容所から解放されたフランクルは朝から晩まで病院で働いていましたが、それだからといって別の素晴らしい価値をなおざりにしていたわけではありませんでした。

ことに大切にしていたのは、高い山でのロック・クライミングでした。学生時代に週末には必ず友だちと連れ立って（戦後にはエリー夫人も伴い）山に出かけたのです。ご存知の通り、オーストリーにはたくさんの美しい山々があります。フランクルは登頂の難しい山の制覇に挑み、登山ガイドの資格を得ることができました。彼にとってそびえたつ荘厳な絶壁を自分の手足で征服することは大きな喜びでした。そして一日の終わりに夕陽に輝くおごそかな山々の頂を畏敬の思いで眺めたのです。このような瞬間に、彼は自分が生きていることを深く噛みしめて感謝したに違いありません。80歳になって視力が極度に弱まるまでロック・クライミングに挑んだそうです。

彼は登山ばかりでなくクラシック音楽も好みました。ことに苦悩の人生を生き抜いたベートーヴェンに対しては大きな尊敬の念を抱いていました。また古典文学や哲学の書物を読むのもとても好きでした。そして何よりも友だちとさまざまな思想や世界観について語り合う時間をとても大切にしていたのだそうです。大戦直後から死ぬまでずっと暮らしていたウィーンのマリアンネガッセの住居には、いろいろな友人、知人、あるいは同僚や学生たちが絶えず集まって、なごやかにいろいろな論議をしていたと、エリー夫人は今でも懐かしく思い出しておられます。

これらはすべてフランクルが「体験価値」という範疇で考えている貴い価値だといえるでしょう。私たちは何かを体験して感動するときに——たとえば感銘を与える書物を読んだり、美しい音楽を聴いたり、絵画を見たり、あるいは壮大な自然を味わったりするときに——、ほとんどの場合自分が今体験してい

る価値の素晴らしさに満たされているからなのです。そこでは、心身の健康や金銭的な価値などは関係がありません。たとえ体が麻痺していたとしても、あるいは哀しい出来事に遭遇したとしても、またたとえつつましい生活を余儀なくされていたとしても、私たちは誰でも何か素晴らしいことを、受け身の形で体験して堪能することができるのです。

　けれどももう少し詳しく体験の対象をみてみると、体験には「受動的な要素」だけでなく「能動的な要素」もかなりあることに気付きます。それはとくに人間の関わり合いの中に現れます。人と人との関係は、片方の人間が相手に関心を持って積極的に接近しても、他方の人間が何の反応も示さなければ相互の「関係性」は成立しません。理想的な関係は、両方とも同じくらいの関心を持って相手に接近し、相手の人となりを理解しようとする積極的な態度がある場合です（これはフランクルが「寄り添うあり方＝バイザイン（Beisein）」と名付けた関係です）。

　お互いに相手を敬愛し、その存在に感謝しているような人間関係では、あるときには一緒に連れ立って海の向こうに沈む夕日を眺めるというような受動的な体験行動もありますが、あるときには困っている相手の助けになるために身を乗り出して話を聞いたり、その問題に対して忠告しようとしたりする積極的な行動も考えられます。

　この場合にも、「他人のことなど構っていられない」とばかり、自分に興味や関心のあることだけを追い回している人は、やはり人間として貧しいのです。人と人が共に心を寄せ合い、思いやり合う体験のない人は、どんなに物質的に豊かな人生を送っていたとしても、決して本当の幸せを手にすることはできないでしょう。人間相互の関係が本当に真価を持つときには、そこに相互の強い愛情と感謝が生まれてきます。それはどんなにたくさんの金銀を積み上げても所有することができないものなのです（このような関係性をフランクルは「お互いに寄り添い合うあり方＝バイ・アインアンダー・ザイン（Bei-einander-sein）」と名付けました）。

　人間が仕事、つまり「創造価値」の実現だけにエネルギーを費やし、ことに自分の受ける社会的な評価や経済的な利益の増大だけを目標にしていると、自分の外にある何かに感動する力、生きることに喜びを感ずる力が薄れて行き、体験の領域はどんどん縮小されます。世界的な統計で自死の割合が高い国は

「体験価値」の実現が軽視されている国と解釈できるように思われます（ことに若い年齢では体験価値は非常に重要なのです）。

　つまり何かを能動的に生産することだけに重きを置いて、「よりたくさん」「より早く」「より正確に」という量的な発展だけに自分の存在の意味があると考えていると、とても偏った生き方をするようになります。さらにほんの束の間の余暇をさして深い意味もないテレビ番組を観たり、精神的なよりどころのない雑誌や本を読んだり、コンピューターゲームに夢中になったり、あるいはインターネットの買い物に依存したりすることも、本当に「尊い価値」のある体験と見なすことはできないでしょう。それは生き生きとした樹木の生えない砂漠のような生活なのです。

　単に職場の仕事と束の間の快楽だけに貴重な時間を使っている人は、一本足の机の上で食事をしているようなものです。つまり人間としての心の広さにかけているために、安定性に欠けるのです。

　自分のしていることがたとえどんなに重要な仕事だったとしても、それをこなしながらも同時に並行して別の趣味を活かしたり、美しい自然を楽しんだりすることは精神保健のために非常に大切なことなのです。机の下にたくさんの足ができると、たとえ一本の足が何かの不幸で折れてしまったとしても、比較的安定した気持ちを保つことができるので、極端な絶望に陥らないで済むのです。

　人間にとって本当に価値のある体験というのは、深い魂の底からそれを体験することに感謝の気持ちが自然に湧き上がるような事柄や現象です。たとえどんな状況にいたとしても、自分の生きていることに大きな喜びと味わいを感じられるような事柄です。束の間の快楽を簡単に得ようと何かをするうちにそれに依存して、それがなければ気分が沈んでしまうようなものは、本当に尊い価値のある体験ではありません。

　何かに感動できる能力というのは、およそ人類が地球に誕生してからこの方、どの時代でも、どんな困難な状況の中でも、どんな場所でも、ずっと絶えることなくはぐくまれて来たのだろうと思います。そして何か素晴らしい「価値」に感銘を受ける能力は、人間であることの「証」のようなものです。長い歴史を通して結晶して来たさまざまな文化や芸術に目を向けてその「価値」を認識することができない人は、ある意味では精神的にとても貧しい人だといえるの

ではないでしょうか。

3）「態度価値」というグループ

　最後の「態度価値」は、三つの範疇の中で、フランクルが最も高く評価した価値でした。これは、自分ではどうすることもできない運命の打撃に襲われたときに、どのような態度でこれと対決するか、という非常に難しい実存的な問題だからなのです。つまりここでは最終的に苦悩の状況の中に人間がどのような「意味」を見出すことができるか、ということが中心的な課題になるわけです。

　人は誰でも人生の中で何かの不幸に襲われることがあります。愛情のない子ども時代を過ごす人もあれば、幼くして愛する親を失う人もあります。自分の周囲にいる人たちに卑下され差別されることもあれば、自分の立てていた目標が崩れ去ることもあり、順調なキャリアの途上で大病に罹ることもあるかもしれません。自然災害で家屋や田畑を失う人もあれば、政治の圧力や差別のために愛するふるさとを去らなくてはならないこともあります。このような運命の悲劇を体験したときにこれをどのように耐えて克服していくか、その態度にもまたさまざまな違いがあるでしょう。

　では一体どういう態度を取るときに「尊い価値」が見えてくるのでしょうか？　結論からいえば、自分が不幸に耐えることによって、それが自分だけではなく「誰かのためになる」「何かのためになる」と広がりの中で想定できれば、その時大きな「価値」が実現される可能性があるということです。それは自分の苦痛を超えるという意味で、超越的な精神次元を前提とします。

　その例をお話しましょう。フランクルは強制収容所に収容される前に、頭の中で構成していたロゴセラピー理論を原稿に書き付けました。彼はいつの日か解放されることがあったらそれを出版したいと考えて、冬のマントの裏地の中に縫い込んでおいたのです。彼は侮蔑と暴力が日常茶飯事だった収容所の中で、この草稿を抱きながら心の中にほんのわずかな希望の火を灯し続けていたのです。

　ところが1944年にチェコのテレージエンシュタットからアウシュヴィッツ強制収容所へ移された際に、自分の個人的な所有物はすべて没収されることになりました。彼にとって身を引きちぎられるほど辛かったのは、この原稿とオー

ストリア・アルプス山岳会のバッジを没収されたことだと後に書いています。

　そして原稿が奪われたときに彼の頭にひらめいたのは、「これは『自分の考えた理論が実践でも正しいことを自分の身をもって証明せよ』という超越者の要請なのだ」という意味付けでした。もしこのロゴセラピーの理論が地獄のような情況と対決するために多少でも役立つなら、他の人間が自分の苦しみと闘って行く際にもこれを使えるはずだとフランクルは考えたのです。こうして彼は収容所の悲惨な生活に具体的な「意味」を与え、それによって襲って来た苦悩に耐えようとしたのでした。そして彼の考えたことは正しかったことが後に証明されることになります。

　たとえば不治の病気に罹って余命いくばくもないと宣告されたとき、厳しい運命を呪って苦しむ人がいます。けれどもこの人が自分の人生をどのような態度で振り返り、自分の死をどのような態度で迎えるか、それは周囲の人に大きな影響を与えるのです。この人がどんなに重い過去の問題を背負っていたとしても、過ぎ去った時間の中にさまざまな「価値」のある想い出を発見できるかもしれません。そしてそれに対して満たされた思いを抱くことができるかもしれません。病気は重くとも、行き届いた医療のもとで念入りな手当てを受けられることに感謝の念を持てるかもしれません。そして自分の家族や友人が心配してくれることも幸せだと感じるかもしれません。周囲にいる人たちの中には、「私もこの人のように、感謝の気持ちを抱いて穏やかな気持ちで逝きたい」と考える人も出てくるはずです。一人の人の生きる態度、そして死ぬ態度は、価値という立場からみて、実にたくさんの人に影響を与えるのです。

　また別の例を考えてみましょう。たとえば自分の子どもの中に何かの障がいを持って生まれた子がいるとします。この子が他人の助けなしには生きることができないならば、親はいろいろな状況でこの子のために大きな犠牲を払わなくてはなりません。時間的にもまた体力的にも大変なエネルギーが必要とされますし、この病状はどんなことをしても改善することはできないのです。そのような場合に、自分に与えられた運命を呪い、自分が何と気の毒な人間だろうと自己憐憫に陥ってしまう親もあります。健康な子どもを持つ人たちを羨み、嫉妬を感じます。

　けれどもこのような不幸の中にも何かの「価値」が見つからないでしょうか？　その子どもを本当に愛情を持って受け容れることができるなら、その子

どものまなざしがとても澄んでいることに気付くかもしれません。この世のどんな穢れも知らない天使のような眼差しで、100％の信頼を持ってこちらの笑顔に応えてくれるのです。そしてその子を不幸せにしないために、家族全員が力を合わせて協力できれば、その子がいることによって家族共同体の愛情と思いやりを軸にした団結が可能になるのです。たとえ子どもが五体満足で生まれたとしたら、家族がこれほどの団結の幸せを体験できるかどうかはまったくわかりません。

　このようにさまざまな例を考えて行くと、私たちの人生の不思議さに突き当たります。よく考えてみれば、人間は誰一人自分の意志でこの世に生まれてきたわけではありませんし、ましてや自分の両親やその境遇を自分で選んだわけではありません。それぞれの人にそれぞれの運命が背負い籠のように与えられ、1人ひとりがそれを自分のものとして受け容れて行かなくてはならないのは、ある意味では厳しい現実です。

　もちろんこの運命の素材を生涯恨めしく思って呪うこともできますが、その反対に、そこに何かの具体的な「意味」があると受け取ることもできます。つまり人生というのは、たとえそれが気に入らなくても、1人ひとりに与えられた「成長するための材料」と考えることができるのです。たとえそれがどんなに過酷だとしても（たとえば強制収容所のような体験がそれですが）、実際にはこのような不幸な運命の存在することで、自分の生まれてきたことの「意味」がよりはっきりと開示されることもあるのです。

　フランクルの家族はウィーンの街中に平凡な市民としてつつましく生きていました。けれども当時の社会を蝕んだ時代精神のために、何の罪もない身でありながら法的な根拠なくして不当な差別を受け、わずかな財産も、職業の夢も、日常のささやかな平安もすべてを突然奪われてしまったのです。そしてすべての希望を失ったビルケナウの入口で、フランクルは自分に与えられた使命を強く感じました。つまり自分以外に誰一人として頼れる人間はいなかったのです。そこで心の支えになったのは、「ロゴセラピーの正しさを証明するにはこの地獄の只中でどう生きたら良いのか」という課題でした。

　こうして彼は、自分よりももっと絶望している被収容者に対して話し合いの機会を提供し、多くの仲間を慰め、鼓舞し、共に涙を流し、感染する恐れをいとわずに看病の役割を引き受け、体力の続く限り愛する家族のために祈りまし

た。

　フランクルが収容されている間の記録映画が存在しているわけではありませんが、解放後に書かれた『夜と霧』を読むと、彼が毎日どのように自分に与えられた使命について考え、行動していたかをつぶさに思い描くことができます。そしてこの想像を絶するような重い運命の車輪につぶされそうになりながらも、精神的にこの車輪とどのように対決したらいいのかをフランクルは一生懸命考えていた、と確信できるのです。

　『夜と霧』が日本に紹介されて以来、今までどんなにたくさんの人たちがフランクルによって深い絶望の淵から救い上げられたことでしょう。学校で教師たちに暴力的な仕置きをされて育ちながら、のちに統合失調症当事者を支援するソーシャルワーカーになった向谷地生良氏にしても、母が自殺して父が蒸発したために施設で育ち、のちに病気の子どもに遊びで喜びを与える活動を始めた坂上和子氏にしても、あるいはまた「産みたくなかった」と母親に拒絶されて施設に育ち、成長してからやはり施設育ちの子どもたちの支援を始めた渡井さゆり氏にしても、それ以外にもまだまだたくさんの人たちが、辛いときに『夜と霧』と出会うことによって人生に対する考え方を変え、社会のために大きな「価値」を実現させているのです。

　もしロゴセラピーが暖かい陽の差し込む贅沢な書斎机の上で考案されたものなら、これほど大きな衝撃と感銘を後世の人々に与えることはなかったはずです。この感銘の理由は、彼の状況があまりにも悲惨だったからだけではなく、その悲劇にもかかわらず「それでも」なお、彼が自分自身の苦悩の中に埋没せずに自分以外の人々のためにできるだけの力を尽くそうとした態度にあるのです。つまり不運の中でも「人生に対してイエスと言い続けることのできる精神力を持っていた」ということなのでしょう。

　そしてそのような精神力は特別な人間だけに与えられているのではなく、私たちの誰にでも生まれながらに与えられているのだ、とフランクルが主張するときに、私たちは自分自身を誇りに思うことさえできるのです。

「意味」の実現

（1）具体的な「意味」

　上の三つの「価値」（創造価値、体験価値、態度価値）は、具体的な人間が具体的な状況で発見する「意味」によって初めて現実のものになります。

　では抽象的な価値観がどのように具体的な「意味」の形で実現されるか、そのプロセスをここで掘り下げて考えてみましょう。たとえば「決して侵すことのできない人格の尊厳はどんな人間にもある」という抽象的な価値観があり、憲法でも保障されているわけですが、これは一体どのようにして具体的に実現させることができるのでしょうか？

　たとえば「差別」の問題を一つの具体例として考えてみましょう。現代社会の中で根強い根を張っている差別の一つは、難病や障がいを持つ人に対する偏見だといえるでしょう。ことに精神病や知的障がいを持つ人に対する誤ったイメージや不安感は強く、このような人との接触を避けようとする人も少なくありません。日本では、他国に比べて病院に隔離されている精神病患者数はいまだに非常に多いといわれます。

　ところが多数の精神病患者を診療していたフランクルは、「たとえ外から見てどんなに健常な人と異なる人でも、その人間の中核には壊れることのない健全な精神が宿っている（治療者のクレド）」と強く信じて疑いませんでした。そしてこのような患者と関わる医療者やセラピストに対して、「その人の精神的人格に向かって話をしなくてはならない」と説得することを、自分の生涯の使命としていたのです。

　これはすべての人間の存在には「尊厳の価値」があるという抽象的な出発点から導かれてでてきた具体的な「意味」のある態度です。そのような態度で実際に障がいを持つ人に応対しようとするならば、この人は「障がいを持つ人のために客観的な意味を実現した」ということができるでしょう。

　また民族や人種による根強い「差別」もあります。現代でも先進国は（日本をも含めて）かつての植民地の民族に対する偏見を捨てきれません。けれどもこのようにゆがんだ時代精神に反抗して、「人間の尊厳」を尊重しようとする人たちも存在しています。自国の紛争や気候変動で生きる場を失った人たちが

避難してくると、その人たちのために語学を教えたり、役所との交渉に付き合ったり、衣食を提供して支援するなど、具体的な「意味」を実現させている人も、私のドイツの友人・知人の中には少なからずいます。

　このような様々な活動を見るにつけ、貴い「人間の尊厳」という「価値」を守るためにいろいろな「意味」の可能性があることを知るようになります。フランクルは私たちが、真実の「価値」というものを認識できる能力を生まれながらに持っているだけでなく、実際にその「価値」を護るための「責任」を感じ取る能力も持っている、と主張したのです。

　私たちは何かの価値の大切さを認識することができれば、その価値が侵されているような状況に出逢ったときに多少の困難に直面しても、これを改善して価値を守ろうとする責任を感ずることができるのです。これが「意味」を軸にした生き方を奨励するロゴセラピーの基本だということができるでしょう。

（2）コペルニクス的転回

　もちろん人間には自分を護ろうとする自己保存の本能がありますから、いつもどこでも「他人のため」「自分に関係のない何かのため」だけを目標に行動することは簡単でないこともあります。けれども「自己中心主義」をかざして、いつも自分の利益になることだけを行動の基準にして生きている人は、自分の回りに高い頑丈な塀を積み上げているようなものです。塀が高くなればなるほど自分の身は守られるかもしれませんが、人間相互の貴重な出逢いや理解のチャンスが失われていきます。このような人間が年を取ったときには、たった1人で薄暗い塔の中で鬱々として過ごし、「私の人生には何も良いことがなかった」と悲しむことになるのではないでしょうか。

　社会の中の多くの人たちは、人生の道程で何かとても大きな幸運が突然現れるのではないかと期待して歩き続けているのかもしれません。けれども実際には、私たち自身が誰でも喜ぶような素晴らしいことを考え出して、これを周囲の人々や社会に対して寄与する方に、より大きな価値があるのではないでしょうか？

　ここに自分を宇宙の中心に据えて動こうとしない「天動説」から、太陽という「意味」の回りを他の惑星たちと一緒に巡る柔軟な「地動説」への転回があるのです。

「もともと私たちが自分の環境をどのように把握しているか、それを根源的に省みるなら、人生の意味に対する問いかけをコペルニクス的に転回させる必要があるのです。ということは、人間に問いを発するのは人生そのものだと言うことです。人間の方から問いかけることはできません。人間は人生から問いかけられ、人生に答える（antworten）、つまり生きることに対して責任（Ver-antwortung）を持っているものなのです。けれども人間が出すこの答えというのは、具体的な《人生からの問いかけ》に対する具体的な答えだと言えるのです。人間が責任を持った時にそこに答えが出され、人間は生きている間に自分の問いかけに対する答を自分で《実現》していくことになるわけです。」（Viktor E. Frankl, *Ärztliche Seelsorge*, 1997, S.96）

　以上のことから世界に満たされたさまざまな貴い「価値」を、自分の才能と個性に合ったやり方で具体的に「意味」として実現させていく、私たちはその実現のために生きているのだ、ということがおわかりいただけたでしょう。そしてその指針は「ロゴスの自己教育」にあるのです。
　ところでフランクルは第二次世界大戦後、ウィーン総合病院で精神科医として勤務しながらウィーン大学医学部でロゴセラピーの講義をしていたので、一般的な研修などを開いてロゴセラピストを養成することはしませんでした。
　けれどもフランクルの教えを正確に理解し、彼のもとで歴史上初めてロゴセラピーについて博士論文を書いたエリザベート・ルーカス（Elisabeth Lukas）は、1997年に師が亡くなるまで忠実な弟子として親しい交流を続け、ロゴセラピーを後世に伝えていくことを生涯の使命としました。
　ルーカスは南ドイツのミュンヘンで児童相談所長を勤めたあと郊外に南ドイツ・ロゴセラピー研究所を開設し、体系的な研修講座によって多くの優れたロゴセラピストを世に送り出しました。そこで教えを受けた弟子たち（つまりフランクルの孫弟子たち）は、現在もなお世界各地でロゴセラピーの普及に力を注いでいます。
　その中でとくに目覚ましい活動をしているのは、ルーカスのもとで学んだヨハナ・シェヒナー（Johanna Schechner）とハイデマリー・ツュルナー（Heidemarie Zürner）で、フランクル没後100周年に彼が半生を過ごした住居

の隣に「ウィーン・ヴィクトール・フランクル・センター（Viktor Frankl Zentrum Wien）」、その数年後に「ウィーン・ヴィクトール・フランクル博物館（Viktor Frankl Museum Wien）」を開設しました。ここではロゴセラピーを学ぶための体系的な研修が定期的に開催されるだけでなく、一般市民も参加できる講演が数多く企画されています。そしてフランクルに関する貴重な視覚資料や世界中で出版された書籍を保管しています。

2021年10月　南ドイツ自宅にて

勝田茅生（かつた　かやお）　経歴

1970年　上智大学文学部哲学科修士課程卒業後，ドイツ・バイエルン州の奨学金を得てミュンヘン大学哲学科博士課程入学.

1976年　アウグスブルグで児童音楽教育資格を取得．以降公的機関で児童早期情操教育に従事.

2000年　南ドイツ・ロゴセラピー研究所のエリザベート・ルーカスのもとで，ロゴセラピストの資格を取得.

2001年　ドイツ在住日本人のためのカウンセリングを開始．同時に日本でロゴセラピー入門ゼミナールの定期的開催を始めて現在に至る.

2008年　日本ロゴセラピスト協会設立.

2009年　ロゴセラピー普及のための日本ロゴセラピスト協会論集を発刊（現在まで毎年発行）.

主要著書

山田邦男編『フランクルを学ぶ人のために』（世界思想社，2002）

Ｖ・Ｅ・フランクル著，山田邦男訳『意味による癒し──ロゴセラピー入門』（春秋社，2004）

勝田茅生著「ロゴセラピー入門シリーズ全９巻」（システム・パブリカ）第１巻『フランクルの生涯とロゴセラピー』，第２巻『危機の克服と予防』，第３巻『精神の反抗力と運命／喪のロゴセラピー』，第４巻『老いのロゴセラピー』，第５巻『教育のロゴセラピー』，第６巻『愛と家族のロゴセラピー』，第７巻『神経症のロゴセラピーⅠ』，第８巻『神経症のロゴセラピーⅡ』，Ｅ・ルーカス著，勝田茅生訳 第９巻『ロゴセラピーの会話法／理想的なロゴセラピスト』

第2章
ロゴセラピー実践の具体的ツール
「意味発見シート」の開発

草野智洋

ロゴセラピーの実践とは

　筆者は日本ロゴセラピスト協会の認定を受けたロゴセラピストであり、ロゴセラピーを専門とする臨床心理士・公認心理師である。日々ロゴセラピーを実践している、つもりである。しかし、ロゴセラピーを実践するとは具体的に何をすることなのだろうか。ロゴセラピーの創始者であるヴィクトール・E・フランクルの著書に書かれていることは哲学的な理論が中心であり、逆説志向と過剰自己観察消去（脱反省）という二つの特徴的な技法を除いては、心理療法としてのロゴセラピーの具体的な進め方についてはほとんど述べられていない。そのため、フランクルの哲学や思想には感銘を受けながらも、ロゴセラピーの実践となるとどのように行えばよいかわからないという心理臨床家は少なくない[1]。フランクルの高弟のエリザベート・ルーカス（Elisabeth Lukas）によれば、ロゴセラピーの本質は技法にあるのではなくその人間観と世界観にあるという[2]。また、ルーカスのもとでロゴセラピーを学び、日本人初のロゴセラピストとなった勝田茅生は、「ロゴセラピーは、セラピーの方法ではなく、人生

---

[1] 草野智洋・千葉征慶・本多奈美・山口浩・安田淑恵，日本心理臨床学会第33回秋季大会自主シンポジウム「ロゴセラピーの心理臨床」講演記録，日本ロゴセラピスト協会論集，7，83-166, 2015.
[2] 草野智洋，E. Lukas によるロゴセラピーの会話スタイルの4要素"Lehrbuch der Logotherapie"を基礎にして，大阪大学大学院人間科学研究科心理教育相談室紀要，15，123-130, 2009.

の生き方です」[3] と述べている。すなわち、技法以前にセラピスト自身が意味のある生き方を目指して生きることの重要性が強調されているのである。

　このように、ロゴセラピーは本来的にセラピスト自身のあり方が重視されており、「何をする」とか「何と言う」といった技法や方法論によって定義づけることができないという特徴がある。逆にいえば、ロゴセラピーの人間観と世界観に基づいていれば、具体的な技法や実践の方法は一人ひとりのセラピストの創意工夫の余地が大きいということでもある。筆者は2015年に米国ダラスで行われたロゴセラピーの国際会議に参加したが、そこでは世界各国のロゴセラピストが絵画を用いたロゴセラピーや大きな木製のフィギュアを用いたロゴセラピーなど独自の発表を行っており、その多種多様さに驚いたものである。

意味発見シート（1枚目）

　そこで、筆者もロゴセラピーを実践するツールの一つとして「意味発見シート」というものを開発した。このシートは1枚目と2枚目に分かれており、1枚目（資料1）は「私にとって大切な（人・もの・こと）は＿＿＿＿＿＿だ。」という文の空欄を埋めてもらうものである。同様の文が①から⑳まで並んでおり、回答者は自分にとって大切な人やものやことなどを思いつくままに20個記入する。20個というのは数が多く、思いつくのが大変だと感じられるかもしれないが、これは「私は＿＿＿＿＿です。」という文章を20個書いてもらう「Who am I テスト」（または「20答法」）から着想を得た方法である。その狙いは、あえて簡単には思いつかないだけの多くの数を挙げてもらうことによって、普段から自分が意識している表面的なことだけでなく、普段は気付いていないような意識のより深い部分で感じていることにも気が付いてもらうことにある。

　20個すべて、またはこれ以上は思いつかないというところまで記入できたら、それぞれの文章の横の空欄に1位から20位までの優先順位を記入してもらう。人生には大切な人やことやものがいくつも存在するが、私たち人間の持つ時間やエネルギーは有限である。大切なことが複数あったとしても、どちらかを優

---

[3] 勝田茅生，巻頭言　シンフォニーへの大きな響き，日本ロゴセラピスト協会論集，13, 10-20, 2021.

<意味発見シート　1枚目>

私にとって大切な（人・もの・こと）は ① ＿＿＿＿＿＿＿だ。

私にとって大切な（人・もの・こと）は ② ＿＿＿＿＿＿＿だ。

私にとって大切な（人・もの・こと）は ③ ＿＿＿＿＿＿＿だ。

私にとって大切な（人・もの・こと）は ④ ＿＿＿＿＿＿＿だ。

私にとって大切な（人・もの・こと）は ⑤ ＿＿＿＿＿＿＿だ。

私にとって大切な（人・もの・こと）は ⑥ ＿＿＿＿＿＿＿だ。

私にとって大切な（人・もの・こと）は ⑦ ＿＿＿＿＿＿＿だ。

私にとって大切な（人・もの・こと）は ⑧ ＿＿＿＿＿＿＿だ。

私にとって大切な（人・もの・こと）は ⑨ ＿＿＿＿＿＿＿だ。

私にとって大切な（人・もの・こと）は ⑩ ＿＿＿＿＿＿＿だ。

私にとって大切な（人・もの・こと）は ⑪ ＿＿＿＿＿＿＿だ。

私にとって大切な（人・もの・こと）は ⑫ ＿＿＿＿＿＿＿だ。

私にとって大切な（人・もの・こと）は ⑬ ＿＿＿＿＿＿＿だ。

私にとって大切な（人・もの・こと）は ⑭ ＿＿＿＿＿＿＿だ。

私にとって大切な（人・もの・こと）は ⑮ ＿＿＿＿＿＿＿だ。

私にとって大切な（人・もの・こと）は ⑯ ＿＿＿＿＿＿＿だ。

私にとって大切な（人・もの・こと）は ⑰ ＿＿＿＿＿＿＿だ。

私にとって大切な（人・もの・こと）は ⑱ ＿＿＿＿＿＿＿だ。

私にとって大切な（人・もの・こと）は ⑲ ＿＿＿＿＿＿＿だ。

私にとって大切な（人・もの・こと）は ⑳ ＿＿＿＿＿＿＿だ。

資料1　意味発見シート（1枚目）

先してどちらかを後回しにしなければならない局面は必ず存在する。ロゴセラピーの人間観では、人生を意味あるものにするために個人の主体的な意思決定（決断）を非常に重視している。もちろん、実際に生活の中で決断を行う場合には、意味発見シートに記入したときの優先順位に従う必要はなく、その時々の状況に応じて優先順位は変わりうるだろう。しかし、大切な人やものやことが複数ある中で、「あの時はああするしかなかった」と自分自身の決断の責任から逃げるような態度ではなく、「私がこれを選択したのだ」と決断の責任を引き受けて生きる態度がロゴセラピーでは重視される。意味発見シートの１枚目で優先順位を付けるという作業は、人生における決断の責任を自分が引き受けるという態度を育むという狙いもある。

　とはいえ、もしも今前者のような態度で生きている人がいたとしても、そのことで自分を責めないでいただきたい。ロゴセラピーの理念は、人間を批判したり否定したりするためのものではなく、自らの人生をより意味あるものにするための指針を示すものである。自分の生き方を変えるというのは決して簡単なことではないが、「そうしたい」と思った時点で、その人はすでに自分を変える方向に一歩を踏み出しているのである。その一歩をさらに推し進める方法の一つとして、意味発見シートを活用していただきたい。

意味発見シート（２枚目）

　回答者が１枚目の記入が終わったら２枚目（資料２）を配布する。２枚目には「①のために私ができることは＿＿＿＿＿だ。」という文が①から⑳まで並んでおり、回答者が１枚目で記入した①から⑳までに対応する形で、そのために自分ができることを考えて記入してもらう。この文には、ロゴセラピーの非常に特徴的な考えが表れている。自分にとって大切な人がいたとして、その人が自分に何か良いことをしてくれたら幸せであろう。しかし、相手が自分に何をしてくれるかは自分でコントロールできることではなく、そこに期待していたとしてもその期待が叶えられるかどうかはわからない。期待が叶えられないと失望や怒りが生じる。人生とは根本的に自分の思い通りになるものではなく、自分の力で変えられるものと自分の力では決して変えられないものという二つの大きな歯車の力によって回っているというのが、ロゴセラピーの人生観であ

<＜意味発見シート　2枚目＞>

① のために私ができることは_____だ。

② のために私ができることは_____だ。

③ のために私ができることは_____だ。

④ のために私ができることは_____だ。

⑤ のために私ができることは_____だ。

⑥ のために私ができることは_____だ。

⑦ のために私ができることは_____だ。

⑧ のために私ができることは_____だ。

⑨ のために私ができることは_____だ。

⑩ のために私ができることは_____だ。

⑪ のために私ができることは_____だ。

⑫ のために私ができることは_____だ。

⑬ のために私ができることは_____だ。

⑭ のために私ができることは_____だ。

⑮ のために私ができることは_____だ。

⑯ のために私ができることは_____だ。

⑰ のために私ができることは_____だ。

⑱ のために私ができることは_____だ。

⑲ のために私ができることは_____だ。

⑳ のために私ができることは_____だ。

資料2　意味発見シート（2枚目）

る。そのため、ロゴセラピーでは、自分が人生に何を期待するかではなく、自分が人生から何を期待されているかを意識し、その期待に応えていくことこそが人生を意味あるものにするための態度だと考える。自分の大切な誰かや何かのために自分ができることは何か、それを意識化してもらうことが2枚目の目的である。

　2枚目の20の文の記入が終了したら、右側の空欄には今自分が書いたことをどのぐらい実現できているかをパーセントで記入してもらう。興味深いことに、1枚目で記入した優先順位の高いものが、必ずしも2枚目の実現度も高くなるとは限らない。たとえば優先順位1位のものが50％しか実現できていないにもかかわらず、優先順位15位のものは80％実現できている、ということがしばしば見られる。1枚目の優先順位と2枚の実現度の値を掛け算することによって、一つの指標となる数値が得られる。たとえば1位×50％であれば50、15位×80％であれば1200である。自分にとって重要であるにもかかわらず実現できていないことほどこの数値は小さくなり、重要でないものやすでに十分実現できているものはこの数値が大きくなる。すなわち、回答者がまず何に取り組むべきかを大まかに示す数値が1枚目の優先順位と2枚目の実現度を掛け算することによって得られるのである。とはいえ、掛け算の値が同じであったとしても、3位の80％と4位の60％がまったく同じだという根拠があるわけではないため、この数値はあくまでも目安にすぎない。

参加者同士での振り返り

　1枚目と2枚目の両方の記入が済んだら、どのようなことを書いたかや書いたことによってどのようなことに気付いたかを参加者同士のグループで振り返る。筆者は悩みを持つ人との一対一のカウンセリングで意味発見シートを用いることはあまり多くない。悩みを聴いてもらいたいというニーズの大きいクライエントに対しては、シートの記入よりも傾聴や質問を中心とした対話によってその人が自分の本当の気持ちや自分にとって大切なことに気が付くことができるように援助を行う。筆者が意味発見シートをしばしば用いるのは、複数の人が参加するワークショップや、精神科クリニックでのショートケアプログラムなどである。こうした場では、自分が書いたことを他の参加者と一緒に振り

返ることによって多くの気付きが得られる。

　たとえば、多くの人は1枚目では仕事に関連する事柄よりも家族などの親しい人間関係に関する事柄を優先順位として高く付けているにもかかわらず、2枚目で実現できている程度は仕事関連の事柄のほうが親しい人間関係の事柄よりも高いことに気付く。また、若い人が高齢の人と共に振り返りを行うことで、「健康」や「体力」など、当人にとってあまりにも当たり前に得ている大切なことに気が付く場合もある。振り返りを行う際に大切なことは、何を優先すべきかやそのために自分が何を行うべきかなどについて普遍的な正解は存在しない、ということを参加者もファシリテーター（セラピスト）もしっかりと意識しておくことである。自分が何のために何を行うべきかは、その人自身の良心によってのみ感じ取ることができる。それを当人が自分の責任で主体的に選択することに意味があるのであり、たとえロゴセラピストであったとしても他者に意味を押し付けることは重大な禁忌である。

「人生からの問いかけ」という観点からの捉え直し

　さらに、「人生からの問いかけ」という観点から1枚目の優先順位を考え直してもらう場合もあり、そのような捉え直しをすることによって順位が変わることもある。特別な説明もなく「優先順位を付けてください」と言われれば、普通は誰でも「自分にとっての」優先順位を付けるだろう。しかし、先に触れたように、ロゴセラピーの根幹には自分を中心とした態度から人生を中心とした態度へのコペルニクス的転回という考え方がある。1枚目を記入した後に2枚目を渡すことで「自分のために」ではなく「自分以外の誰かや何かのために」という観点の転回を引き起こすというのが、意味発見シートの基本的な仕掛けである。そこでさらに、人生からの問いかけという観点から順位をもう一度考え直してもらうことによって、1枚目の中でも転回を起こす可能性を高めようとするのである。

　先に筆者は「自分が人生に何を期待するかではなく、自分が人生から何を期待されているかを意識し、その期待に応えていくことこそが人生を意味あるものにするための態度」だと述べた。「人生からの問いかけ」や「人生から何を期待されているか」といった言い回しはロゴセラピーではしばしば用いられる

が、この「人生」という概念をどのように理解するかは、実は非常に重要かつ難解な問題である。紙幅の都合上、詳しい解説はフランクルの著書[4]や筆者の他の論考を参照していただきたいが[5]、ここでは差し当たり、ロゴセラピーで重視されるのは特定のAさんやBさんといった人物からの期待ではなく人生からの期待であるということと、特定のAさんやBさんからの期待と人生からの期待が必ずしも一致するとは限らない、ということを指摘しておきたい。たとえば、幼少期からつねに親の期待に応えなければならないという重圧を受けて育ち大人になっても自分の気持ちに素直に行動することができない、という人がいたとしよう。この人に人生が期待していることは、たとえ親の期待を裏切ったとしても自分の意志で自分の人生の決断を行えるようになることかもしれない。そのための第一歩としてこの人ができることは何だろうか。それは、勇気を出して信頼できる誰かに相談をすることかもしれないし、何か新しい活動に参加することやそのための情報を集めることかもしれない。このように、人生からの問いかけや人生からの期待とは、実在する特定の誰かからの期待よりも、より広く深く客観的な視点によって得られるものである。

おわりに

　以上、ロゴセラピーを実践するための具体的なツールの一つとして、筆者の開発した意味発見シートを紹介した。繰り返しになるが、ロゴセラピーにおいて重視されるべきことは、技法よりもその世界観と人間観である。第1章で述べられているロゴセラピーの世界観と人間観を正しく理解した上でこのシートを活用していただきたい。また、ロゴセラピーの世界観と人間観から外れることがなければ、筆者が考案したシートの使い方に厳密にこだわる必要はなく、自由に改変や修正を加えていただいて構わない。エリザベート・ルーカスは次のように述べている。「真実は決して技術の上には届かない。そうではなく、いつも正しき精神の上に届く。一人で処方箋を厳密に守っているうちは、それは何の役にも立たない」[6]。ロゴセラピーの正しき精神を具現化するものとし

[4] Ｖ・Ｅ・フランクル著，山田邦男監訳，人間とは何か 実存的心理療法，春秋社，2011.
[5] 草野智洋解説　ロゴセラピーの実践とはいかなるものか，ヴィクトール・フランクル著，赤坂桃子訳，ロゴセラピーのエッセンス　18の基本概念，128-157，新教出版社，2016.
[6] Elisabeth Lukas, *Lehrbuch der Logotherapie: Menschenbild und Methoden*, Profil Verlag, 2014.

てさまざまな技術や技法が開発され、多くの人がより意味に満ちた人生を送ることができるようになることを、筆者は願うばかりである。

コラム①

蝋燭は燃えるために

　フランクルの高弟エリザベート・ルーカスは、蝋燭（ろうそく）を例にしてロゴセラピーの人間観を次のように説明している[1]。

　まず、蝋燭の外側の蝋の部分が人間で言うと心身態、つまり身体次元と心理次元にあたり、芯の部分が精神次元にあたる。蝋の部分は燃えるために必要な素材で、傷付いたり折れたりすることもあるが、ある程度までは修復も可能である。これは身体や心理の部分も同様である。他方、内側の芯の部分はしなやかでありながら強く、折れるということはない。

　蝋燭は燃えてこそ意味がある。自らを費やして燃えることによって、明るさと温かさを提供する。燃えた蝋燭は自らをすり減らして消えてしまうが、明るさと温かさを提供したという事実は消えない。ルーカスは、実際に蝋燭を灯しながらクライエントにこの話をしたこともあるという。

　フランクルは主著『人間とは何か』で次のように述べている。「一本の松明（たいまつ）が消えたとしても、それが輝いたということには意味がある。しかし、火のついていない松明リレーをいくら永遠に（果てしなく）続けたとしても、それには意味がない。ヴィルトガンス〔Anton Wildgans, 1881～1932 オーストリアの詩人、劇作家〕は「輝くべきものは、燃えることに耐えなければならない」と言ったが、この「燃える」とはおそらく苦悩することを意味しているであろう。そして、われわれはさらに、それが燃え-尽きること、「最後まで」燃えることに耐えなければならない、と言うことができるであろう」[2]。

竹之内禎

---

[1] Elisabeth Lukas, Wachs wird zu Leuchten - eine Kerzenmeditation, in: *Alles fügt sich und erfüllt sich: Logotherapie in der späten Lebensphase*, Profil Verlag, 2009. 62-70.

[2] V・E・フランクル著，山田邦男監訳『人間とは何か　実存的精神療法』春秋社，2011, 151-152.

ライフテーマを探る

　ライフテーマとは、その人の人生に統一感のある意味や価値観を与える解釈の枠組みのことである。セラピストは相談者と協働して相談者の人生を貫く「意味」の発見を援助し、ライフテーマを探求する役割を担うことがある。

　ある男性は、自分史を作るために0歳から79歳までの人生の特徴的な出来事の表や、年代ごとの幸福度のグラフを盛り込んだ詳細な自分史の鳥観図を作成され、人生の意味について考えておられた。そこで、ライフテーマを一緒に探求することを提案した。ライフテーマは幼少期の思い出に見出されることが多い。この方の幼少期の思い出は不満、食料不足、そして周囲への反発、抵抗、やりきれない気持ちが「もがき」のようにあった。そこから脱しようと一生懸命勉強し、やがて成長し社会的な成功を成し遂げた。中年になり突然の健康問題による挫折もあったが、再起されトライアスロンにも挑戦した。定年退職後は、他の人たちを手助けしたいという思いから産業カウンセラーの資格を取得。現在は地域の高齢者のために活動をしている。私は、この方の幼少期の「もがき」から脱出していったことに注目をしてライフテーマを「既存の価値観に挑戦し新しい人生を切り拓いていく」と表現した。ライフテーマを共に探求する作業を通じて、この方の幼少期からの「もがき」、それにこそ意味があったのだ、「もがき」があったからこそ今があるのだと確信され「自分史の最後のまとめにしたい」と話された。

　このように、自分の生きてきた過去のエピソードから「ライフテーマ」を探求することは、その人の人生を貫く「生きる意味」に改めて気付くことでもある。年齢を重ねると心身態は衰えるが、精神は年齢を重ねるほどに成長する可能性を持つ。心身の衰えや記憶が薄れていく中で「ライフテーマ」を探求することは、人生を最後まで「意味のもとに生ききる」ための自信と希望へと繋がるだろう。

　　　　　　　　　　　　　　　　　　　　　　　　　　　　　　　　福井みどり

第 II 部

自己実現から意味実現へ

もし、まだ 「じぶんの　できること」や、
「なれる　じぶん」の
ほんの　わずかに　みえるところを
なぞっているだけだとしたら　どうかな？

ひとつだけ　たしかなのは
いま　あなたは　ここに　いる。
そして　あなたが　いるから……
できることが、きっと　ある。

――コビ・ヤマダ作，ガブリエラ・バロウチ絵，前田まゆみ訳
　　『もしかしたら』パイインターナショナル，2020年より

第3章
自己実現から意味実現へ
ロゴイストのすすめ

語り手：岩田考司
聞き手：竹之内禎

ロゴイストとは

——岩田さんがおっしゃる「ロゴイスト」とは、「ロゴセラピスト」とどう違うのでしょうか。

岩田 まず、ロゴセラピーとはロゴス（意味）とセラピー（治療）という二つの言葉が合わさってできた造語です。人が自ら「生きる意味」を見出せるように援助することで、苦境にある状態からこころの回復を目指していくセラピーです。そして、そのセラピーを行う人をロゴセラピストと言います。ロゴセラピーの創始者であるヴィクトール・フランクルは、人はあらゆる困難や苦難に直面したとしても、そこから意味を見出そうとする力「意味への意志」が普遍的に備わっているということに気付きました。そして、その特性を心理療法に生かしたのです。つまりフランクルはロゴセラピーを「生み出した」というより「発見した」といってもいいと思います。「意味への意志」は、人間の中に普遍的に備わっているのだから、当然、世の中にはロゴセラピーのことをまったく知らなかったとしても、意味を中心に生きている人たちはたくさんいます。そして、そういう生き方に感銘を受けた他者が、そのことをきっかけに前向きな生き方に変わっていくという、セラピーと同じような現象が起きることもあります。つまり、そこにロゴセラピストと称される人がいなくても、セラピーが成立しているのです。そこで私は心理療法を専門に行うセラピストではないが「意味（ロゴス）を中心に生きている人」に注目をし、そういう人たちを「ロゴイスト」と名付けてみました。

——ロゴセラピストよりも、ロゴイストのほうが広い概念なのですね。

岩田　たとえば、アフガニスタンの人々のために人生を捧げた中村哲さんは、元々は医師でした。しかしアフガニスタンの状況を考えたときに医療で人を救うことに限界を感じ、用水路の建設に着手したのです。おそらく、中村哲さんは、多くの人々に人生の意味を見出してもらいたいと思ってセラピー（治療）をしていたわけではなく、ただただ目の前の自分の使命に没頭していただけだったと思います。しかし、結果的には「何か自分も人の役に立ちたい」、「自分も頑張ろう」と、多くの人たちに勇気と希望を与えました。意識的にセラピーを行っていたわけではないけれども、十分にロゴセラピー的な影響をもたらしたといえます。つまり、中村哲さんはロゴセラピストではなかったが、間違いなくロゴイストだったのです。

ロゴセラピストとは

——ロゴセラピストと、生き方としてロゴイストとでは、何が一番の違いでしょうか。

岩田　（意味を中心に生きる）ロゴイストであることは、ロゴセラピストとしての前提条件だといえます。そのうえでロゴセラピストは、意味を中心としたセラピーや対人援助的な関わり方ができる人だといえます。

——対人援助的な仕事や活動とは、具体的にはどのようなものでしょうか。

岩田　フランクル自身は医師であり心理学者でもありましたが、心理療法家に限る必要はありません。実際ロゴセラピストの中には医療や心理の専門家以外に、福祉や教育等の専門家もたくさんいます。また、そういった対人援助の専門家以外でも、人に関わる立場であればすべての人がロゴセラピストになり得ます。

——河原理子さんのように、苦悩する人たちに寄り添うジャーナリストの方もそうですね。私が関係している図書館の司書という仕事も、利用者の調べ事の相談に乗って問題解決に協力することがあるので、そういう面もあると思います。

岩田　ロゴセラピストのスキルとは、職業や活動の内容が何であったとしても「次元的存在論」（表１）つまり、人間を「身体」、「心理」、「精神」の３つの次

表1　ロゴセラピーの次元的存在論[1]

人間を構成する次元	機能
精神（spirit / Geist）	自己距離化・自己超越の能力
心理（mind / Seele）	情緒・思考
身体（body / Leib）	身体の生理的な機能

元でとらえ、その視点を持って意味を中心とした対人援助的な関わりが行える
スキルだといえます。人はいつ何時でも意味を見出せるとは限りません。たと
えば、そのときその人の状況に応じて、外科的処置や薬の処方等（身体次元）
が必要なときもあれば、傾聴や共感、慰労（心理次元）が必要なときもありま
す。3つの次元の全体をとらえながら、その人が自発的に意味を見出せるよう
に（精神次元）導いていける人がロゴセラピストだと言えます。

PTSD（心的外傷後ストレス障害）とPTG（心的外傷後成長）

——心理次元と精神次元の違いをもう少し教えて下さい。

岩田　人間のこころには、快・不快などの感情、自己満足や自己充足の志向、
そして衝動的、本能的に自分を守ろうとする自己防衛等といった機能が備わっ
ています。また、それとは相反するかたちで、自分以上に大切な何かを守りた
いという気持ち、客観的に物事を考え、そのときその状況下で必要と思われる
事を俯瞰する力、また自分自身の感情を抑えて誰かのために何かのために行動
しようとする自己超越的な志向も持ち合わせています。フランクルはこの相反
するこころの性質を、あえて二つに分けて、前者を「心理次元」、後者を「精
神次元」と名付けました。一般的な心理療法は人間を心と体の2次元で捉えま
すが、ロゴセラピーは身体、心理、精神の3次元で捉えます。そして、身体次
元や心理次元は病気になっても、精神次元は病むことがないといわれています。
たとえば、交通事故や自然災害、または犯罪被害、虐待等、通常の範囲を超え
た過度なストレスを体験した後に発症するPTSD（Post Traumatic Stress

---

[1] 勝田茅生著『フランクルの生涯とロゴセラピー』システムパブリカ，2008，p.79を参考に
　作成.

Disorder：心的外傷後ストレス障害）という病気があります。実際の体験から時間が経過した後も不安や恐怖、フラッシュバック等の深刻な症状に悩まされます。ところが近年、それとはまったく逆の概念が注目をされています。それは、トラウマ体験を経験した後でも、むしろ人間として成長を遂げることができるという概念で、PTG（Post Traumatic Growth：心的外傷後成長）と呼ばれています。同じようなトラウマ体験を経験したとしても、なぜ、PTSD になる人と PTG を遂げる人とに分かれるのでしょうか。これはロゴセラピーで考えれば簡単にわかることです。PTSD は心理次元、あるいは身体次元が病気になっている状態であり、PTG は精神次元の力を引き出した結果なのです。つまり PTG はロゴセラピーによってもたらされる効果の一つだといえます。PTG の他にも最近の心理学では、ロゴセラピーの概念に類似したものがたくさん注目されています。代表的なものとして「レジリエンス」、一般的には回復力や弾力性と訳される言葉ですが、逆境や困難に遭遇しても、そこから立ち直ろうとする力、精神的に回復する力として使われています。また「リカバリー」、何かを喪失したときに、それを取り戻すというよりも、未来に向けて新しい人生の意味と価値を再構築するという考え方です。このように PTG、レジリエンス、リカバリー等、いずれも意味を軸にすることでロゴセラピーになります。フランクルが100年も前から、そのことに気が付いていたということは愕くべき事実です。

ロゴイストであることはなぜ重要か

――意味中心に生きるロゴイストであることは、なぜ重要なのでしょうか。
岩田　多くの人が人生に成功すれば、こころが充足し、失敗すれば絶望すると考えています。でも、本当はそう単純ではなく、人生には二つの軸があるんです。それは、［成功－失敗］の横軸と、［意味実現－意味喪失］の縦軸の２軸です（図１）。実は「充足」なのか「絶望」なのかは、横軸［成功－失敗］ではなく縦軸［意味実現－意味喪失］に大きく影響されるんです。つまり、こころの充足を得るには「成功」ではなく「意味実現」の方が重要だということです。そして、意味実現によって得られた充足は、恒常的な充足へとつながります。意味中心の生き方をすることで、こころの免疫力も上がり、一時の成功や失敗

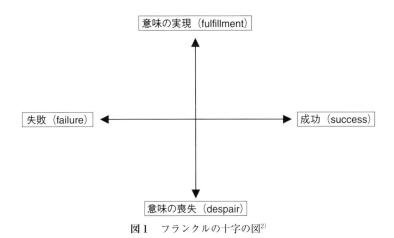

図1 フランクルの十字の図[2]

に一喜一憂されにくくなります。そのため、少々のことではへこたれなくなるのです。また、縦軸は「意味実現の軸」とするなら、横軸は「自己実現の軸」といえます。自己実現によって幸福を手に入れようと頑張っている人たちがたくさんいます。でも実際は、自己実現によって得られるものは「成功」、successであって、「成幸」、happinessではありません。happinessは、縦軸、つまり「意味実現の軸」に関係しています。

――上村光典さんの『成功者と成幸者』[3]という本があって、まさにそのことを表現されています。功を成すことに熱中して自分がやりたいことを優先させる考え方と、共生というか、人や自然と共にあることで幸せを成すことを中心にする考え方の対比が描かれていて、とても印象的な一冊です。

「人生からの問いかけ」という視点

――自分がこうしたい、という自己実現の欲求と、本当はこれをしたほうがいい、そのためにやりたいことよりもそちらに力を注ぐ、という意味実現の要求

[2] 勝田茅生著『精神の反抗力と運命／喪のロゴセラピー』システムパブリカ，2008，p.25の図をもとに作成.
[3] 上村光典著，山城ゆかりイラスト『新装　成功者と成幸者』エンパワーリング，2017.

とが相反するときはどう考えればよいでしょうか。

岩田　自分のやりたいことを目指すのは悪いことではありません。むしろ世間的には推奨されています。確かに横軸の自己実現軸も人生を豊かにしていくためには必要な要素だと思います。ただ、先ほども言ったように意味実現によって得られる精神の充足は恒常的な充足であり、本当の意味での「成幸」は意味実現によって得られるということを知っておくことが大事です。

——プロセスで考えると、たとえば、希望の進路に進めないとか、職場でなかなか昇進できないとか、そのときはどう考えればよいでしょうか？

岩田　それも自己実現の軸を右側に進んでいくことが阻まれたことを意味しています。そういうとき、多くの人が自分の希望が通らずショックを受けるでしょう。でもそのときもやはり同じように縦軸の意味実現の軸を思い出してほしいんです。まずはその落ち込んだ気持ちから距離を取り（意志の自由）「今、自分には何が求められているのだろうか？」、「自分に足りない要素があるのだろうか？」と考えてみるんです。また、「自分が知らないだけで、自分を待っている何かがあるのかもしれない」そう考えてもよいかもしれません。どんな境遇であっても必ずそこには何らかの意味が存在しています（人生の意味）。そして、人は必ずそこから意味を見出すことができます（意味への意志）。そうすると意外にもっとよい流れになったりすることもあります。もしそのとき自己実現的な希望が叶っていたら、後に来る特別な出会いはなかったかもしれない。短期的な成功ではなく、長期的な視点にたって、人生からの問いに応える。今、自分の置かれている状況下で、求められる意味を見つけ、そこに全力で応えていく。それがロゴイストの生き方なのです。

仕事の選び方

——岩田さんはキャリアコンサルタントのお仕事もされていましたが、大学生の話を聞くと、「好きなこと」、「やりたいこと」を見つけられないという人も多いようです。仕事を選ぶ際のアドバイスをいただけましたら幸いです。

岩田　仕事の選び方にも、自己実現の軸と意味実現の2軸の考え方が適用できると思います。言い換えれば「好きなことをやる」という軸と「意味のあることをやる」という軸の2軸があるわけですが、世間では「好きを仕事に変えて

いく」が流行っていますよね。でも、ここでも縦軸の「意味のあることをやる」を意識してみてほしいんです。好きを仕事にできると、きっと楽しいだろうと思うかもしれませんが、好きだからこそ逆につらいことも多いかもしれません。たとえば動物が好きだからペットショップで働きたいと思っても、実際に働いてみたら、好きな動物を商品として扱うのだから苦痛を感じることがあるかもしれません。ただ動物を可愛がるだけでは済まない現実に直面することでしょう。イチロー選手も、プロ野球選手になってからは野球少年の頃のように純粋に野球を楽しむことはなかったと言っていました。好きなことを仕事にしたいのであれば、それなりの覚悟がいると思います。楽しみたいのであれば職業以外で得ることを考えた方が得策かもしれません。だから「好きなこと」、「やりたいこと」がわからなくても、あまり悲観しないでほしいんです。高校から大学に進学するとき「やりたいこと」が見つからなくても、そこまで悲観はしなかったと思います。大学生になって就活が始まるときも、同じように考えればいいんです。「就職」=「最終選択」みたいに考えないで、とりあえず就職してから考えよう、といった感覚でもいいと思います。最近は昔みたいに年功序列、終身雇用の時代ではなくなってきました。何年か仕事をしていく中で、自分のやりたいことや、やるべきことが見えてくるので、二十代はいろいろやってみて見識を広める期間でよいと思います。大企業や有名企業に就職したいと思うかもしれませんが、それは先ほどから話している成功を目指して横軸を右に進もうとする考え方です。それだけではなく縦軸の意味の軸があるということ。意味があると思える進路や仕事を選んでいくことも大切だということを、こころのどこかで持っていてほしいんです。

──就活のときに苦労するタイプで、いわゆる「さとり世代」で、ほどほどでいいやと思っている人も多いように思います。

岩田　十字の図でいう横軸にあまり執着していなくて、横軸を右に進まなくてもよいと感じているのだと思います。私は本人のこころが満足しているのであれば、それでいいんだと思います。ただ、もし満足ではなく妥協であるのなら、ここでも意味実現の縦軸があるということを思い出してほしい。本当の意味での「さとり」とは、縦軸にこそこころの充足があると知ることです。「好きなこと」が見つかった人、「やりたいこと」が明確な人は、まずはそれを頑張ってやればいい。でも、好きなこともなく、何をやりたいかもわからないという

人は、そのことに劣等感を持ってほしくない。「好きなこと」がないということを、そこまで心配しないでいいんです。そういう人は「世の中に必要なことって何だろう？」とアンテナを張っていくだけでもよいと思います。まずは会社説明会に行ってみるとか、行動することが大事です。それで何か感じるものがあるかもしれない、「ここでは、こういう人を求めているんだ」という会社の考えが、自分にぴったり合うかもしれない、今の自分の気持ち的にやりたいかやりたくないかは置いといて、何か一つでも感じるものがあったら、思い切って飛び込んでみたらいい。そして、そこで何か与えられたことを一生懸命やっていくうちに、本当に好きなことがわかってくるし、やりたいことも見えてくると思います。

「不採用」の考え方

――なかなか就職が決まらない、と悩む人にアドバイスをいただけますか。

岩田　私はキャリアコンサルタントとして、中途採用のサポートをしていた時期が長いのですが、クライエントが不採用だったとき「不合格だったと思わないほうがいい」と伝えていました。「不合格」と「不採用」は違うと強調したいのです。たとえば中途採用の場合、30人の応募の中から3名採用とかいう場合が多いんです。仮に能力的には合格者が10名だったとしても、採用枠は3名なのだから、合格しても7名は不採用になります。なので、落ちた人は単純にベスト3には入らなかった、別の優れた3名がいたに過ぎません。ただ、それが実際に、そう考える人は少なく、「3名以外の人はこの会社に必要ない、つまり不合格」と言われたと思ってしまい、不適合者の烙印を押されたと感じてしまう方が多いんです。なので、私はそんなとき「不採用でも合格はしていたかもしれませんよ」と伝えていたんです。その3名がいなければ採用されていたかもしれないという意味です。気休めではなくて、もしその人が不合格だったとしたら採用された3名が辞退しても、その人が採用されることはないので、不採用と不合格の差は大きいです。ですから、不採用＝不合格と考えず、ただ「ご縁がなかった」と思って、あまり自信をなくさないでほしいのです。本当のところは合格か不合格かは知りようがないのですが、自信をなくして、どんどんネガティブになるより、縁がなかったと思って次に備えたほうが建設的で

す。ただ、もともと応募している会社が本人にとってハードルが高い場合もあるので、そのときは戦略を練り直す必要があるかもしれません。なかなか就職が決まらないという人は、聞いてみると意外に有名どころばかり応募している傾向があります。有名企業であれば、それだけライバルも多くなるので、より自分の競争優位性を発揮できる武器が必要となってきます。たとえば有名でなくても、まずは会社説明会に出かけて行って、その中でピンと来るところや、何かを感じるところがあったら積極的に挑戦していったらいいと思います。

将来の mission のために、今の work に精励する

——岩田さんにとって「仕事」とはどのようなものですか。

岩田　エジプトのピラミッド職人のたとえ話があって、石を積んでいる３人の職人に、「あなたの仕事は何ですか？」と尋ねたところ、ある人は「石を積むことです」と答え、またある人は「家族を養うことです」と答え、さらに別の人は「エジプトの歴史と文化を作ることです」と答えた、という話です。やっていることは同じだけれども、その人の意識によって三者三様の答えがあるということです。「仕事」という言葉を英語で表現すると work、job、task、labor、business、mission などたくさんありますよね。いったん、「仕事」を英単語で考えてみるといいかもしれません。私の中で仕事とは「mission（使命）」でありたいと思っています。エジプトの職人の話では三番目の人が私の理想です。またもう一つ、仕事はロゴセラピーでいうところの創造価値と関係があります。創造価値の大きさを貢献している度合いや役に立っている度合で計りがちですが、実際はそうではなく、自分がその仕事をすることで自分の人生にどれだけ意味を感じられているか、その仕事を通して自分の人生に価値を感じられているかが重要なんです。たとえば、野球の世界において、プロ野球の選手とグラウンドキーパー（野球場のフィールドを管理する人）とでは、「多くの人に与える影響力」という点では差があるかもしれません。ただ、自分のやっていることに、どれだけ「意味を感じられているか」については、その人たちにしかわかりません。やっていることの大きさ、市場価値、経済価値、世の中に対する影響度は、プロ野球選手のほうが圧倒的にあるかもしれませんが、自分の人生をどれだけ豊かに意味あるものにできているかは、職種に関係

がなく本人の考え方次第です。同じ仕事をしているからといって同じ意味を感じられるわけでもなく、大きな仕事をしているからといって誰もが大きな意味を感じられるわけでもありません。自分がやっていることにどれだけ意味を感じられているか、使命感をもっているかで創造価値は決まります。詰まるところ創造価値とは何を創造するのか、それは「価値ある自分」を創っているのだと思います。私にとって仕事、創造価値とは自分自身をつくる試みだと考えています。「やりたいこと」をみつけようとするのをいったん忘れて、「意味のあること」をみつけよう、という気持ちで取り組んでみる。そうして目の前の与えられたこと、work を一生懸命やっていけば、おのずと自分の役割、mission もみえてくると思います。そして、それがロゴイストに通じる第一歩になると私は信じています。

（2021年12月）

〈フランクルの言葉〉
「成功を目的にしてはいけません。成功を目的にして得ようとすればするほど、それを手に入れることはできなくなります。成功を手に入れるためには、幸福を手に入れる場合と同様、自分からそれを追求してはいけないのです。幸福は、自分自身よりも大きな意味を持つ何かに自分を捧げたことの予期せぬ二次的効果として、あるいは自分以外の誰かに献身的に尽くしたことの副産物として現れるものです。幸福は、自分から求めるのではなく、自然に起こるようにさせなくてはなりません。成功についても同様です。自分が成功したいという気持ちを忘れることで、自然に成功が起こるようにさせなくてはなりません。そのためにはあなたの良心があなたに命ずることに耳を傾け、力の限り実践する努力を重ねてください。そうすれば、長い目で見て——長い目で見て、ですよ！——成功は、後からちゃんとついてきます。なぜなら、あなたがそれを考えることを「忘れていたから」なのです」（V・E・フランクル『夜と霧』の英語版（"Man's Search for Meaning"）1992年版序文より、竹之内禎訳）

〈原文〉
Don't aim at success——the more you aim at it and make it a target, the more you are going to miss it. For success, like happiness, cannot be pursued; it must

ensue, and it only does so as the unintended side-effect of one's dedication to a cause greater than oneself or as by-product of one's surrender to a person other than oneself. Happiness must happen, and the same holds for success: you have to let it happen by not caring about it. I want you to listen to what your conscience commands you to do and go on to carry it out to the best of your knowledge. Then you will live to see that in the long run ——in the long run, I say!—— success will follow you precisely because you had "forgotten" to think of it.

LIFE の核は IF

　英語の LIFE という言葉は「生命」とも「人生」とも「生活」とも訳される。生きる意味、the meaning of life は、人生の意味とも訳せる。

　「人生は選ばなかった道ばかり LIFE の核は IF でできてる」（関根裕治（埼玉県上尾市）作、読売新聞2018年8月27日朝刊「讀賣歌壇」掲載）

　IF（もしも）が人生の核とは言い得て妙だ。もしもあのとき、こうだったら……という思い、IF がなければ人生とは言えまい。無数の IF の上に今がある。その結果、1つだけ選ばれた今の人生。これからどうすれば意味があるのかを未来志向で考えるのがロゴセラピーだ。

　フランクルはロゴセラピーの格率（生きる指針となる言葉）として、「1度目の人生を失敗し、今、2度目の人生を生きているかのように、そしてこれがラストチャンスであるかのように生きよ」と言っている。

　近年、日本では「転生もの」のライトノベルが流行している。人生をもっと好条件でやり直せたら、という心理が背後にあるように思われる。だがひょっとすると、小説の中だけでなく、今のリアルの人生も、実は記憶がないだけで2度目なのかもしれない……と考えてみるのは、思考実験として有用だ。IF（もしも）は、過去だけでなく、未来に向けた今現在にも適用されるのだ。

竹之内禎

コラム③　LIFE の核は IF　　51

人生の岐路に向き合う

　筆者は、高等学校のスクールカウンセラー業務を通し、多くの高校生の人生の岐路を目の当たりにしている。

　たとえば、喫煙場面を Instagram で拡散された男子生徒がいた。停学指導期間に2回本人と会い、喫煙行為に至った行動を客観的に説明してもらった。彼は、一切の言い訳もせず「バレないだろうと友達と調子に乗って喫煙した」とのこと。ただ、写したのは友人の隠し撮りで、それがクラス生徒の SNS から教員に知れることとなり「友人に裏切られて人間不信です……」とつぶやいた。また、将来は体育教師になる夢も特別指導のため、諦めて就職すると語った。彼は、母子家庭で弟もいるため経済的には制約があり、彼なりに悩んだ末の考えだった。一通り話を聴いてから、終了時間間際に「今までの夢が諦められたなら次の夢もすぐに見つけられそうだね」、「友だちに裏切られて良かったことは何？」と問いかけてみた。えっ？　という反応と共に真剣に考え始めたため、「自分にあるもの・できること」シートの記入も加えて、次回までの課題とした。

　2日後の2回目の面接で、彼が顔を上げ視線を真っ直ぐ向けて話した内容は、「自分がなりたい夢は、簡単に諦められない。どんな形でも回り道してもその仕事に就きたいと解った」、「友人の裏切りで、そうならないように自分を見直し、どのような友人とどのように付き合うのか考えることができた」であった。また、「自分にあるもの・できることシート」には、「環境を言い訳にしないで信頼を取り戻す。どんな試練も困難も乗り越えられるような気がするし、そのために特別指導は悪いことではなかった。野球の経験と強い気持ちが自分にはある」と書かれていたことが印象的だった。

　特別指導終了後、彼の目標は以前と違った意味を帯び、特別支援教諭の資格も取得したいと予想外の報告をもらった。最後に「『だってだって』にならなくて良かった」と笑った彼は以前、授業で実施した絵本セラピーの参加者だったのだ。[1]

　人生の分かれ道には、チャンスに変えられる白と黒の石が散りばめられており、精神次元からの選択が意味と価値を持つ宝物に成り得るものだと気付かされる。

江口泉

---

[1] 佐野洋子作・絵『だってだってのおばあさん』フレーベル館，1985年.「だってわたしは98だもの」を言い訳に色々やろうとしないおばあさんが主人公.

第4章
声に乗せて届ける

渡辺祥子

言葉を声に乗せて

　「言葉を通して、多くの人に勇気や希望を届けたい」との思いを持って、ラジオのパーソナリティからスタートした私のアナウンサー人生。その後、電波を通してだけでなく、直接語りかける機会を作ろうと、舞台公演を視野に入れた朗読家としての活動も並行して行うようになった。

　アナウンサーは声で情報を伝える仕事だが、一口に声といっても、音声だけでなく、言葉や表情や所作など、さまざまな要素が絡み合って情報が伝わる。

　私の場合は元々キャリアのスタートが、声（に乗せた言葉）だけで情報を伝えるラジオの現場だったこともあり、声や言葉に対してかなり敏感になった。そのおかげで、言葉によって安らぎや力を得るなどの恩恵を、他の人以上に受けたのではないかと思う。しかし、敏感になったせいで、ほんの少し相手の声のトーンが変わっただけで気に病んだり、相手は何の気なしに話したであろう言葉で落ち込むなど、傷付きやすくなるマイナス面も多く経験した。

　けれどもだからこそ、良きにつけ悪しきにつけ、「言葉には力がある」と直に感じることができたし、「言葉を通して（私の場合は声に乗せることが多いのだが）、勇気や希望を届けたい」との思いがより強くなり、30年を超える私のアナウンサー人生を支えるものとなった。

　そして、その思いをさらに強固なものとしたのが、ロゴセラピーとの出会いだった。

ロゴセラピーとの出会い

　ある日、ロゴセラピストの知人が、「祥子さんが講演や朗読で取り上げる題材って、ロゴっぽいよね。ロゴセラピーを勉強したら、もっと語りに深みが出ると思うよ」と、いたずらっぽく笑いながら言った。

　ロゴ？　ロゴセラピー？　何のことか良くわからなかったが、それでも「語りに深みが出る」とは、声の表現者にとっては何とも魅力的な誘い文句だ。その後、私は勧められるままにフランクルの著書を読み、2006年の夏に仙台市で開かれたロゴセラピーゼミナールに参加した。

　このように、私がロゴセラピーに関わることになった動機は、自分の語りの技術向上を願った利己的なものであったといえる。しかし根底には、利己的な意識を突き抜けるようにして、「自分の成すべきことを明確にしたい！」、「自分自身の人生の意味を見つけたい！」という〈意味への意志〉があったことを、ロゴセラピーを学んで気付くこととなった。

　初めて参加したロゴセラピーのゼミナール。その回のテーマは、「生きる意味・老いる意味・死の意味」。その中で、「人間は人生の最後の瞬間まで自分の運命に対して態度を決めることができる」というフランクルの〈態度価値〉の思想を知った。それまで、死というものに対して言い知れぬ恐怖を抱えていた私が、「漠然と未来を、人生の終わりを恐れるのではなく、いかなる場合にも、尊厳ある態度が取れるような生き方を日々していこう」と、腹をくくって自由な心持ちになれたことを覚えている。

　こうして、自分ではどうすることもできない困難な状況にもかかわらず、「それでも人生にイエスと言う」態度に大きな価値を置くロゴセラピーの考え方は、その後、さまざまな場面で私を導いてくれることとなった。

震災、言葉、語り継ぐ思い

　その最たるものが、想像を絶するかたちでやって来た。2011年3月11日、東日本大震災。私の住む仙台市内陸部は地震被害のみだったが、地震によって引き起こされた大津波により、沿岸部の友人、知人たちは甚大な被害を被った。

ライフラインが寸断され、私は、介護状態の親がいたことと健康上の理由で身動きがとれずにいた。仕事も次々とキャンセルになった。それまで、「言葉を通して多くの人に生きる希望を！」などと言っていた自分の無力さや限界を突き付けられ、「言葉がいったい何の役に立つのか……」と落ち込む日々が続いた。

　だが、そんな私を奮い立たせてくれたのが、言葉だった。友人たちが教えてくれた、被災地で懸命に生きる人々の言葉だったのだ。

　避難所に物資を持って駆け付けた友人から聞いたのは、ある鮮魚店オーナーの話だった。家も店も加工工場も、すべてを流されたその方だったが、心配そうな表情で訪問した友人をむしろ励ますかのように、少しやせて引っ込んだお腹をポーンと叩き、「ほれ見ろ！　10億かけてダイエットしたど!!」と明るく言ったそうだ。そこに笑いが起こり、場が和んだとのこと。友人は、「何というホスピタリティーだろう。これが、この町の人たちの持つ力なのだ」と感嘆した。

　先に紹介したように、フランクルは、避けることのできない絶望的な状況を体験した人の、それでも人生にイエスと言う態度に大きな価値を見出し、それを「英雄的態度」と評し称えた。被災地に駆けつけた友人たちが伝えてくれる話は、そんな英雄的態度で生きる人々のエピソードでいっぱいだった。被災の地で懸命に生きる人たちは、私にとって、まさに英雄であり希望だった。

　「いちごは流されても、気持ちは流されていないから」と言った農家の方。自分を取り巻く環境がどんなに変わっても、自分が成してきたこと、持ち続けてきた誇りは決してなくならないことを証明してくれる。

　社殿から自宅に至るまでのすべてが流出した神社の宮司さん。「今、目の前に起こっていることが、私の人生」と語り、自分の思い描いていた現実と違うことが起きたと悲嘆に暮れるのではなく、今この時に真摯に向き合い、前を向く事の尊さを教えてくれた。

　こうした1人ひとりの姿や言葉に私は衝撃を受け、一瞬でも絶望的になった自分を恥じた。そして、「過酷な運命にもかかわらず、尊厳をもって生きている人々がいるという事実は、人間の可能性を示していることに他ならない。きっと多くの方が共感してくれるはずだ！」、「被災地で懸命に生きる人の姿は、未来を生きる人々の教科書になる！」と確信した私は、「その生き方や言葉を

伝えることが、自分にできる被災地と支援者をつなぐことだ」と奮起し、再び歩み始めた。

その後、私は全国で「被災地の心を伝えるお話し会」を開催。仲間と「3.11を語りつぐ会」を結成し、言葉の展示や朗読コンサートを通じ、被災地で受け取った希望のメッセージを伝える活動を続けている。

活動を通して実感することがある。それは、「私が心揺さぶられ伝えている言葉には、その言葉を発した人が、それぞれの人生（状況）に対してどのような態度をとっているかがそのまま現れている」ということだ。

自分自身の耐え難い環境や心理状態の「内側」に留まらずに、まなざしを自分の「外」に向けて行動するあり方は、そのまま言葉に現れている。だからこそ、その言葉は、震災後に自分の殻（内側）に閉じこもって「自分は役に立たない人間だ」と鬱々としていた私の心に響き、目を開かせてくれたのではないだろうか。私が今もなお彼らの言葉を伝え、これからも多くの人々に伝え続けたいと願う理由はここにあるのだと思う。

生き方としてのロゴセラピー

最後に、私をロゴセラピーへと導いた冒頭の知人の言葉、「祥子さんが講演や朗読で取り上げる題材って、ロゴっぽいよね。ロゴセラピーを勉強したら、もっと語りに深みが出ると思うよ」について考察したい。

まず、ロゴっぽいと知人が言った「ロゴセラピー的なもの」とは、これまで述べてきた通り、困難な状況に対して「それでも人生にイエスと言う態度」であり、そこから導かれるものの見方や考え方、行動などであった。そしてそれは、「多くの人に希望を届けたい」と言っていた私自身が心の底から求めていたものだった。つまり私は、他者に言葉を届けながら、実は自分が癒され、励まされ、歩ませてもらっていたのだ。私が無意識のうちに求めていたロゴセラピー的な考え方や生き方は、それを自覚した後は、明確な指針を私に与えてくれるものとなった。

では、もう一つの問いだが、果たして「ロゴセラピーを学べば、語りが深くなる」との言葉通りになったのだろうか。その答えは、ロゴセラピーの学び始めですぐに示された。師である勝田茅生先生の、「ロゴセラピーは技術ではな

く生き方です」との言葉を聞いた瞬間、私の野望は一瞬にして崩れ落ちた。そしてその後私は、「ロゴセラピーを学んだから語りが深くなるのではなく、ロゴセラピー的な生き方をしている人の語りは深い」ということを、ロゴセラピー的生き方をしている人々やその言葉に出会う度に思い知ることとなった。

　このように、ロゴセラピーとの出会いを通じて得られた多くの知見は、私の語りの世界に大きな気付きをもたらすこととなった。

　ところで、語りをつかさどる声の元となるのは息である。「息（イキ）」は「生（イキ）」を意味するともいわれる。つまり〈声〉にはその人の〈生き方〉が現れるのだ。この、アナウンサーとして新人時代から大切にしてきた教えが、ロゴセラピー的生き方が教えてくれるものと同じであったと気付いたのは、いつだったか。これかららも、こうした多くの気付きや学びがあることだろう。それらとともに、この先も、私は語り続ける。

著書紹介
渡辺祥子著『困難を希望に変える力—3.11　10年後のことづて—』3.11を語りつぐ会，2021年3月刊行
　東日本大震災の被災地で懸命に生きる人々の内側に根付く「生きる力の源泉」を，ヴィクトール・E・フランクルの言葉やロゴセラピーの考え方を拠り所として考察．著者が過去10年にわたり取材をし，語りついできた人々の中から11名に改めて話を聞き纏めたエッセイ集．（問い合わせ先：3.11を語りつぐ会事務局　090-3640-3960）

通訳という仕事

　東南アジアにあるインドネシアの公用語インドネシア語を学んだのは、友人に誘われて行った初めての海外旅行先がバリ島だったことがきっかけ。仕事帰りに講座に通い始め、1年経った頃には「いつか通訳になろう」と思っていた。

　今思えば、言語習得の本当の難しさを知らないからこその将来像なのだが、それを笑わず受け止めて一緒に歩んでくれる恩師との出会いもあり、じきに、細々と通訳の仕事をもらえるようになった。

　夢想していた通訳の仕事ができる喜びはあったが、難しさは想像を超えていた。クライアントであるインドネシア人・日本人双方から、訳したつもりの内容や方向性とは異なる返答があったり、なかなか真意を理解してもらえなかったり、「的確に伝える」ことの難しさに音を上げたくなることも少なくない。

　クライアントは、言葉はもちろん、相手の国や文化をあまり知らないからこそ通訳を必要としている。双方の違いや共通点をある程度知っている通訳には、そこにあるギャップをいかに埋めながら異なる言語の話者の間を繋いでいくか、がつねに求められている。

　通訳業務が始まる前は、たとえ慣れた分野であっても、自分の能力で対応できるか不安を感じ緊張するが、始まってしまえば自分に向いていた気持ちはクライアントの方を向き、「何を伝えようとしているのか」に全神経を集中し、緊張など消え去ってしまう。発言の理解には、言葉のみならず身振り手振り、表情など、受け取るべき情報は実に多く、細大漏らさず受け止めようと、すべての感覚や感情をフル稼働するため、自分の中にあった緊張などという感情を思い出す余裕すら失うのだ。

　そうやって、クライアント間のコミュニケーションをサポートし、ロゴセラピー的に言えば〈状況の意味〉に応えることを積み重ねた先に、クライアント間の関係性の変化が待っている。信頼し合い、共に同じ目標・目的を目指す歩みが始まる。その場面に立ち合えるのが、通訳の醍醐味だ。

久芳誠子

第5章
ボランティアを通じた創造価値

語り手：丸山優子
聞き手：竹之内禎

視覚障害者のための図書づくり

——録音図書校正のボランティアとはどのようなものか教えてください。

丸山 視覚障害者の情報入手方法は、大きくいって、点字による方法と、音声による方法の二つがあります。晴眼者は本を読みたいとき、直接目で活字を追って読むことができますが、視覚障害者の方はそういうわけにはいきません。点字か音声で吹き込んだもので聞くことになります。

　点字で読むには、ある程度訓練が必要です。生まれながらの先天盲、あるいは幼い頃の障害であれば、点字の習得は比較的容易ですが、事故や病気といった途中からの失明ですと、点字というよりは、音声による情報入手の比重が大きいようです。というわけで、点字図書館には、拡大図書と、点字図書・録音図書が常設され、貸し出しをしております。

　ところが、点字図書も録音図書も活字の図書のようにあまたの出版社から売り出されているわけではありません。あったとしても、全文というわけではなく、ダイジェスト版か抜粋の本がほとんどです。点字図書も録音図書も、市販されている数は通常の活字の図書に比べればほんのわずかです。したがって、点字図書館の業務は、点字図書・録音図書の貸出だけではなく、点字図書・録音図書の製作という大きな任務があります。一般の公共図書館では、本を書店から買い取って、それを書架に並べて広く貸し出していますが、点字図書館は、活字の図書を書店から買い付け、それを点字図書、録音図書に製作し直して書架に並べ、貸し出しているというわけです。どういう本を点字図書、録音図書

にするか、選書は館が決めますが、リクエスト本、プライベート本も製作します。

　ただ残念なことですが、一般の図書館は誰でも利用でき本を借りることができますが、点字図書館から点字図書や録音図書を借りることができるのは視覚障害者と認定されている人のみとなっています。2018年6月にバリアフリー法が改正されて、利用できる人の範囲が広がりましたが、まだ誰でも借りることができるまでには至っておりません。

　そういうわけで、点字図書館が行っている業務の一つに録音図書の製作があり、その製作過程にある校正を、ボランティアとして私がやらせていただいているというわけです。校正の役割というのは、「著作者は、その著作物及びその題号の同一性を保持する権利を有し、その意に反してこれらの変更、切除その他の改変を受けないものとする」が守られているかを確認することにあります。要するに、原本通り読まれているか、誤読はないかをチェックすることにあります。

点字図書館とは

——点訳、音訳は点字図書館のボランティア活動として行われているのですね。

丸山　図書館といえば、一般的には、学校の図書館や市町村の図書館を想像する人が多いと思います。点字図書館のことは、聞いたことがあっても、当事者かその親族でなければ、利用の機会がなく、あまり馴染みがないかもしれません。点字図書館といわずに「視覚障害者情報提供施設」など、名称はさまざまですが、私がボランティアとして所属しているところは、当初は岩手県立点字図書館という名称でしたが、今は「岩手県立視聴覚障がい者情報センター」に改称されて、岩手県立図書館と同じ建物の中にあります。

ボランティア参加のきっかけ

——このボランティアに参加されるきっかけは何だったのでしょうか？

丸山　夫が亡くなったということが大きいです。夫が心配しないようにこれから生きていかなければいけない。ずっと専業主婦でしたので、社会との接点と

いえば夫を通してしかありませんでしたので、夫を亡くした時点で孤立した生活になりました。娘が一人おりますが、他県で学生生活を送っていましたので、まったく独り暮らしです。何とか社会と接点を持たなければと思ってアンテナを張っていました。そんな中、市の広報で、点字図書館が点字図書製作者・録音図書製作者を募集している、という記事を見て、そうか、音声訳ね、録音ね、と思いました。娘が中学に入るときにテープレコーダーを買ったんですが、そのときいたずら心で樋口一葉の『たけくらべ』を吹き込んでみたんです。それを聞いた娘と夫が、「すごい上手！　プロが読んでいると思った」とほめてくれたことを思い出しました。そうだ、私は読むのが得意かもしれない、音声訳をやってみようかな、と思って、お試し会に行ってみたんです。

――市の広報でのボランティア募集記事がきっかけだったんですね。録音図書校正ボランティアの募集はたびたびあるのでしょうか？

丸山　募集はめったにないと思います。そのとき初めて目にしたこの偶然で、ある意味「人生からの呼びかけ」かもしれないと思います。自分のアンテナも何かを探していたんだと思います。

点訳・音訳・音訳校正

丸山　最初に見学会があって、まず点字のほうを見ていたらとっても難しそう。やっぱり音声訳だと。でも、録音のほうも見てみたらとても大変。一冊の本を５回読まなければいけないんです。１回はざっと。２回目は自分がどこの漢字が読めないか、どこの意味が理解できないかを把握。３回目はつっかえないように読んでみる。４回目が、さて本番。５回目は、ちゃんと録音できたかというチェック。最低でも５回読まなきゃいけないと言われました。でも私はそういう性格じゃない。見返す、というのはしないんです。１回で、はい、できあがり、というタイプ。これは無理だなと思いました。じゃあ校正はどうだろう。そうだ、校正こそ私はいい！　と思いました。夫は教員だったので、自宅には夫の残した本がたくさんありました。この本が役に立つと思いました。校正はいろいろ調べなくてはいけません。「ここは間違っていますよ、ここはこう読んでください」と間違いを指摘するとき、確固たる根拠を示す必要があります。夫の専門は日本文学だったので、読みを調べるのに不自由はしません。夫の本

を役立てることができると思っただけで、なんだか嬉しくてワクワクしました。実際やってみると、これ間違っているぞ、これおかしいぞ、と間違い探しのゲームをしているようで楽しいです。また、自分では読むことがないようなジャンルも選ばずどんどん送られてくるので、自分の知らないジャンルを読まなければならない。それによって世界が開けるような体験をしました。よい本に出会うと、自分が賢くなった気分にもなれました。それと、ただ（無料）で読めるということ。よい本を見ると得した気分にもなります。また、自宅でできるというのも魅力でした。そして、もちろん目の不自由な方に役立っていると思うと、自分も立派に社会参加できているぞと、満ち足りたような気持ちでした。

ボランティア応募からスタートまで

——実際には、どのようにスタートされたんですか？

丸山　今はどうかわかりませんが、私のときは、まず漢字テストがありました。それで何人かが脱落し、パスした人は、週に1回、4か月、講習を受けます。次にまた試験があります。それに合格すると、本格的に採用となります。実は私はその試験に落ちてしまいました。そのときの試験問題は、岩波のブックレットに掲載されていたヴァイツゼッカーの演説『荒野の40年』の音声録音を校正するものでした。自分では自信をもって提出したのですが、拾えていないところがたくさんあったようです。再挑戦してもいいですよ、と言われ、再挑戦しましたが、なんとまたもや落ちてしまいました。負けず嫌いというわけではないですが、自分としてはこれで間違いないと思っていたので、どこに拾い漏れがあったのか納得がいかず、再々挑戦を願い出ました。再々挑戦してやっと合格しましたが、週1回の研修は真面目に出ていたので、温情だったのかもしれません。

録音図書が作られるプロセス

——実際に音訳校正ボランティアの活動として、録音図書がどのように作られるのか、流れを教えてください。

丸山　私が始めた20年前は、録音テープデッキが貸与され、自宅に録音したテ

ープと本が送られてきて、本と聞き比べながら、原本通りに読まれているか、誤読はないか、雑音が入っていないかをチェックしました。今はテープデッキではなく、パソコンが貸与されて、パソコンで校正しています。ですので、製作までの時間がかなり短縮されました。以前は一冊読むのに一年近くかかっていましたが、本にもよりますが、今は5か月くらいでできています。

　製作過程としては、図書館から音訳者に本が渡され、音訳者は、下調べ等もありますので、3か月ほどかけて読んでいきます。読み終えたものを図書館が校正者に渡します。一校者は2週間以内に校正し、それを図書館に返します。図書館は、今度は二校者に渡します。一校と二校はまったく違う人が担当します。二校が終わった段階で、図書館が最終的にチェックし、音訳者に読み直しを指示します。音訳者が読み直したものを、間違いなく直しているか、これを修正確認者が確認します。岩手では、実質的に三校までしているかたちです。以前はそれで製作完了ですが、今は音声テープではなくデジタルになっていますので、DAISY図書[1] に編集しなおす作業が2か月くらいかかります。ですので、完成までには、単行本一冊くらいで約7か月かかっています。完成した録音図書の電子書籍はサピエ[2] に登録します。人気の本は多くの図書館が音訳に取り組むので、かぶってしまうこともあり、その場合はサピエから登録をお断りされることもあります。

――図書館が音訳する資料を選ぶ基準などはあるのでしょうか。

丸山　図書館は、文学賞を取った作品など人気の本が他の図書館とかぶらないように選書しています。岩手県立の施設なので、岩手県の人が書いた本は選ばれます。雑誌では、JR東日本が刊行している月刊の新幹線車内誌『トランヴェール』や、タウン誌『街もりおか』、そのほかに、個人の方がリクエストする資料の音訳も行います。リクエストで多いのは取扱説明書です。「これを読んでほしい」と直接図書館に持ってくる個人の方のリクエストで、「とっても

---

[1] DAISYとはDigital Accessible Information SYstem の略で，DAISY図書は視覚障害者のために音声データを長時間記録し任意の箇所から再生できるようにした電子書籍.

[2] サピエは，全国視覚障害者情報提供施設協会運営するインターネットによる視覚障害者情報総合ネットワーク．約220の加盟施設・団体が登録した50万件の点字・録音図書目録の検索，点字データ，DAISYデータなどのダウンロードができ，視覚障害者は無料で登録・利用ができる．https://sapie.or.jp/cgi-bin/CN1WWW（2022年1月5日参照）

急ぐんです」という場合は、1回の校正だけでお渡しすることもあります。

大部の専門書を音訳

——印象に残っているという、資格試験の参考書をチームで音訳したときのことを教えてください。

丸山 視覚障害を持つある青年の方が、社会福祉士の国家試験に挑むため、どうしても読んでおきたい本があると言われて、その要望に応えて約1400頁にも及ぶ大著を録音図書として製作した事がありました。音訳ボランティアが1人で一冊を担当するという通常のやり方では、録音図書の製作に1年半はかかると見込まれたので、「試験に間に合わせてあげたい」という気持ちから、音訳者5人、校正2人で同時に進めればいいのではないか、と取り組み始めました。当初は皆、1人の視覚障害者の夢に向かって手助けできると嬉しく感じ、張り切って音訳に取り組み始めました。ところが、この本には図や円グラフ、表や注釈が多く、作業は難航しました。

——具体的にはどのような困難が生じたのでしょうか。

丸山 図や円グラフをどのように読むか、という問題がありました。原本通りに読まなくては、ということと、利用者がわかりやすくなければいけない、ということとの板挟みで、ボランティアの皆さんがどう読んだらよいか迷われて、苦労されていました。

——その状況から、どうやって先に進まれたのですか。

丸山 何度か対面で会合を持って、「ここはこうしましょう。こういう表現はここに差しはさみましょう」などと方針を統一しました。本文に似たような内容があったとしても、試験を受けるなら図の情報も必要だろうと思って、図やグラフの説明はできるだけ省かないようにしました。苦労の末に、製作期間約7か月を要して、テープ17巻、25時間に及ぶ録音図書を完成させることができました。校正者として、その録音図書の初めての読者となった私は、音訳者たちの苦労、熱意をひしひしと感じました。17巻にもなったテープを読み終え、思わず、知らず識らず、「ご苦労様でした」と自然に頭が下がったものでした。試行錯誤しながら工夫、苦労しながら作り上げた喜びは、まさに創造価値なのだと思います。

ボランティアを通じた創造価値

丸山　このボランティアをやろうと思った動機がもう一つあります。点字図書館を散策したときに、点字に打ち直した一つの事典を目にしました。活字本で9冊、項目としては16万項目、ページ数6240ページの『アルファ大世界百科事典』です。これを、たった1人で12年4か月かけて点字本に打ち直した方がおられました。点字用紙にすると、6万5000ページ。活字事典と同じサイズで、なんと408冊に達します。この根気。私にはとても真似できません。こんな偉業を成しても、当の本人は至って謙虚です。それどころか、「時間がかかって申し訳ない。10年あれば仕上げることができると見込んでいたが、人名や地名などの固有名詞の読みがわからず、しょっちゅうストップして、こんなにも時間がかかってしまいました」とお詫びのコメントまで添えてあります。私はこの膨大な量の点字図書に圧倒されるとともに、この謙虚な姿勢に感動しました。根気のない私に、点訳はできませんが、「岩手の録音図書は誤読がなく、良質の図書を製作している」と言われるよう、校正者として一生懸命やろう、縁の下の力持ちになろう、と密かに思ったものです。利用者が、「ああ、聞きやすい本でわかりやすかった」という気持ちを持ってもらえたら嬉しいことです。
──録音図書校正ボランティアを永く続けられているのはなぜでしょうか。
丸山　このボランティアが続いているのは、そこに楽しさがあるからだと思います。楽しさのなかに生きがいみたいなものを感じて、人の役にも立っている、という感じがあるんでしょうかね。
──他に、ボランティアとして続けられているものはありますか。
丸山　音訳校正の他に三つほどボランティアをしています。すべて夫が亡くなった後に始めたものばかりですね。とにかく家にこもってばかりいてはいけない。社会参加しなければいけない、と思いました。夫が心配しないよう、立派に生きていかなければ、との思いと、娘に対しても、がんばっている背中を見せたいとの思いがあって始めたのですが、もう20年以上続けていることになります。語弊があるかもしれませんが、続けられている理由は、「意義があって、やってて楽しいから」、この言葉に尽きる気がします。感謝の言葉がなくても、誰かの役に立った、何かの役に立った、ということが、自分の気持ちを生き返らせますね。

——幅広いご関心の中で複数のボランティアに参加されているのですね。最初は社会参加の手段として始められた活動が、ご自身の創造価値の実現につながり、継続されているところが素晴らしいなと思います。

（2021年12月）

光のなかにいる私

　南ドイツ・ロゴセラピー研究所所長のオットー・ジョーク（Otto Zsók）氏は、ドイツ語の「光」（Licht）の L と t の間に「私」（ich）という文字があることをヒントに、人間の精神次元を意識するキーワードとして「光のなかにいる私」（Ich im Licht）を挙げている。

　光とは、意味に満ちた世界のことであり、反対に、闇とは意味が見えない世界の譬えである。世界は汲み尽くせないほどの意味で満ちているという前提のもとに、「どんなときにも人生には意味がある」というフランクルの思想がある。こうした世界を満たす意味、あるいは人間が直面する運命的な苦悩の意味は、人間の知性では理解し尽くせない次元にあるとフランクルは考え、これを「超意味」（Übersinn / super meaning）と呼んだ。

　例えば、医学研究のために実験される動物は、その苦痛の意味を理解できない。しかし研究者の視点では、多くの人を助けるために必要という意味が見えている。実験される動物にとって、そのような意味は「超意味」である。

　人間にとっても、その限られた知性では言語化できず、仮定することができるのみで、理解も証明もできない意味で世界が満たされているというのがフランクルの考えだ。知性では理解できないからこそ、意味に満ちた世界の中で「光のなかにいる私」をイメージし、「人生に問うのではなく、人生からの問いに責任ある態度と行動で答える」ことで、その意味を観取する以外にないのである。

竹之内禎

第6章
見えない世界を生きる原動力

語り手：小林陽子
聞き手：竹之内禎

視覚障害者の読書

——小林さんは弱視の視覚障害をお持ちで、お仕事の傍ら、放送大学で心理学を学んでいたり、他にもいろいろな勉強をされていたりしますけれども、読書はどのようにされていますか。図書館で録音図書を利用されたりしますか。

小林　はい、図書館はよく利用します。読書は録音図書で、図書館にリクエストして DAISY（音声 DAISY 図書、第5章参照）を作っていただいています。サピエから探すこともありますが、個別リクエストで一般書をお願いすることが多いです。勉強していく中で、参考書籍になっている本があるからそれをお願いしています。

——音訳を依頼してから届くまではどのくらいかかるのでしょうか。

小林　プライベート音訳だと短いもので1か月くらい、長めだと2か月くらいかかります。音訳したデータを、図書館所蔵としてパブリックにサピエにアップするものだと、校正を細かく見るからもうちょっとかかると言われています。

——最近、録音図書製作ボランティアの方のお話をうかがって（第5章参照）、こんなふうに録音図書が作られるんだな、と初めて知りました。

小林　音訳図書の作成方法を私たちも知れるといいですね。音声の読書って脳の活性化にも役立つと思うんです。「聞くよりも活字を見る方が頭に入ってくるんですよ」と高齢の方からお聞きしたことがあります。視覚の情報が8割と言われますから、視力が下がり文字が読めなくなると急に老け込んでしまいますよね。私自身見えなくなってきて、確かに音だけでさまざまなことを理解す

るのは難しいな、と感じていますが、逆に、同世代の人に比べ少し早く老いを経験しているから、練習期間が長くなったとも思うんです。若いうちに、音で情報を入手したり考えたりする、という練習ができますから、生涯現役を目指す私にとっては幸運かもしれません。

——音訳図書で、最近読まれた本で影響を受けているものはありますか？

小林　今、事業を経営する、運営する、という分野の本をいくつか読んでいて、それは普段の仕事や家庭生活とはまったく関係ない分野なので、新しい刺激というか、影響を受けていますね。最近読んだ本では、『世界のエリートはなぜ美意識を鍛えるのか』、『ポチらせる文章術』、『心がわかると物が売れる』というのがありました。とくに、美意識を高めるということに関心を持っているので、絵画療法の講座を企画しているときに『世界のエリートはなぜ美意識を鍛えるのか』を紹介してもらって読み始めて、すごく面白かったです。ほかに『顧客消滅時代のマーケティング』、『構想力の方法論』というのも読みましたが、難しくて。頭では何となくそういうことなのかなとわかっても、自分のLaLaの活動（後述）に落とし込めなくて、学んでいるところなんです。

視覚障害者のパソコン利用と就労環境

——お仕事についてもおうかがいしたいのですが、以前は弱視でも今より見えていて、パソコンの操作も、画面を拡大してマウスを使っていらしたと思うのですが、そのときは、音声読み上げソフトは使っていなかったでしょうか。

小林　最初は画面を拡大して利用していました。音声も併用はしましたがサブ的に補完するので使っていました。目では不安なところを。あっているかな、というのを確認するために。以前は目を結構使っていました。

——そのあと、かなり見えにくくなられて、今は完全に音声ソフトで操作されていますよね。マスターするのに大変苦労されていたと思いますが。

小林　音声に完全に切り替わって、音声読み上げソフトとキーボードのみでのパソコン操作ができるようになるのに１年くらいかかりました。OSが変わってどんどん使いにくくなっているんです。以前はできたことができなくなって、視覚障害者の間では、使いにくくて困るという話がよく出ています。

——たとえばどんなことですか。

小林　より視覚的に使いやすくなった半面、それ自体が音声化の障壁になっているんです。マトリックスのメニューなどそうですね。また、コロナ禍でテレワークが増えましたが、クラウド環境のセキュリティを強化しようとすると、音声化が難しくなる。だから、クラウド開発の上流から音声化のプロセスを組み込こまなければいけないそうです。Apple や Google はこれをやっているようですが、昔は積極的に取り組んでいた Microsoft が今はそうではなくなってしまったそうです。音声で読み上げされないシステムを使う企業が増えるようになって、途方に暮れている人たちが結構いるようです。

――視覚障害者が、仕事ができるようにパソコン利用のサポートをしてくれるところはないのでしょうか。

小林　視覚障害者のパソコンアシストをしている団体は大きなところで二つあります。視覚障害者にとって、仕事ができるということは大きな生きがいにもなるので、ささやかながら私も職域拡大の一例になればと思っていますし、視覚障害の方が働くための助けになるような活動もしていたいと思っています。

視覚障がい者のためのメンタルスキル講座 LaLa

――お仕事以外に、地域の活動として、お住まいの調布市で「視覚障がい者のためのメンタルスキル講座 LaLa」の活動をされていますね。始められたきっかけはどのようなことでしょうか。

小林　LaLa の活動を始めたのは、自分が障害を受け入れるのが大変だったので、似たような思いをしている人がいたら心に寄り添いたいな、と思ったからでした。

――技術的に寄り添うだけではなく、心に寄り添うんですね。

小林　はい。私自身、見えなくなってきてできないことが増え自己肯定感を持てず落ち込みましたから同じような思いをしている方々の助けに今度は自分がなれたらと思って。プロの音楽家の先生のメンタルスキル講座を受け、自己肯定感が増えたのと、人間関係のストレスを減らすことができたんです。また、音楽家の華やかさや美しさに触れ刺激を受けましたので、それを他の視覚障害者の方たちにもお伝えしたい、というのが始まりでした。

——サイトワールド[1]で実施した「視覚障害者のためのメンタルスキル講座」が最初でしたね。それから LaLa を設立して調布市の社会福祉協議会に団体登録されましたね。最近はどんな活動をされていますか。

小林　メンタルスキル講座のほかに、視覚障害者を対象にした絵画療法講座や、災害時も作れるレシピのお料理教室をオンラインでやったりしています。オンライン開催は、一般的に集客が難しいと聞くので、そこがちょっと課題になっています。

——視覚障害者と絵画療法という組み合わせは、私も1回目にサポート役として参加させていただきましたが、大変ユニークな取り組みですね。

小林　絵画療法講座は大好評でした。行政の方にも関心を持っていただけたようで、参加してくださった方たちからも良かったというご感想が多かったので、続けていく意味がありそうかなと思います。見えない、見えづらいから無理だな、と諦めているけれど、実は眠っている素敵な好奇心があって、それをLaLa の活動で掘り起こせたらいいな、と思うんです。その一つが絵画療法講座だったんですけれど、見えなくてもその方独自の感性や思考を使った仕方があって、それが人生を豊かにするツール、方法にもなるし、それを掘り起こしていけたら、人生に彩りや豊かさが出てくるんじゃないかと思って。それをLaLa でやれたらいいなと思っています。

——天文台に行く計画などもありましたね。その他に、今後、LaLa でやろうとしている取り組みはありますか？

小林　視覚障害者の方たちのお話を聞いていると、やっぱり対人関係がうまく行かなくてメンタル不調に陥る方が多いみたいで。私がもともとやりたかったのがコミュニケーションスキルで、交流分析とかゲーム分析とかの技法があるので、もっと実際ベースに、具体的な会話の例とか、皆さんに意見を聞いて、普段使えるような事例集を作りたいなと思っています。交流会を重ねることで、皆さんに意見を出してもらって集約していきたいなと思っています。

——事例集をもとにした新しい講座なども考えられそうですね。

小林　メンタルスキル講座を受けても、その話を聞いてすぐ自分の生活に取り

---

[1] サイトワールドは，例年11月1日（点字の日）から3日（文化の日）に開催され，5000〜6000名の来場者がある日本最大の視覚障害者向け総合イベント（2020年，2021年はコロナ禍のため中止）．https://www.sight-world.com/（2022年1月5日参照）

入れられるわけではありません。実践的な内容に落とし込んだものを作りたいですね。

LaLa の活動を通じて体験したこと

—— LaLa の活動を通じて得られた体験や、やってよかったと思うことはありますか。

小林　私の願いの一つだった「音楽家の美しさや華やかさにふれていただきたい」というのが伝わって、参加者から「プロってやっぱり素晴らしいですね」というご感想をいただきました。人間関係で悩みにくくなる方法を学べてよかった、というお声もいただきました。

　初年度は会場を借りて開催しましたが、視覚障害を知っていただく機会にもなるので、市民ボランティアセンターへ行き当日のサポーターの募集をお願いしました。視覚障害者と関わったことのない方からも応募があり、これがきっかけで、その後、同行援護の資格を取った方もいらっしゃるそうです。嬉しかったですね。

　また、視覚障害者に教えたことのない音楽家や料理家の先生に講師を引き受けていただけた、というのも大きいと感じています。見えない、見えづらいことで、どういうフォローが必要か、よくわからないとお断りされることもありますから。専門家の先生に、視覚障害を知っていただける機会になりますし、快く引き受けていただけ嬉しかったです。

　それから、見えない人、見えづらい人、見える人一緒に「学ぶ」機会を作れるというのも大事だと思っています。建設的なコミュニケーションで、文句を言う人の背景には「満たされていない」という不満があるが、自分を満たすことができるただ一つの方法は「学び」だという話があります。不満は受け身の状態であり、自分で自分を満たすことのできる人は相手に対しても不満を感じませんから。

　視覚に障害があると、一般のセミナーに参加しにくいことが結構あります。資料が読めない、一人で会場に行けないなど、興味があっても気軽に参加できないからです。でも、実は皆さんの中には眠っている知的好奇心があって、それを掘り起こす機会になればいいと思います。

個人的には苦手なことに挑戦する場が目白押しでした。人前で話すのが苦手な私が助成金申請のプレゼンや講座の挨拶をしたり、Zoom の操作に不慣れな私がオンラインイベントの進行役をしたり。行政へ提出する書類の作成も、音声で読み上げない PDF や不規則な表の Excel があって理解するのに苦労しましたが、LaLa のスタッフの方々が助けてくださり、学ばせていただいています。

──地域で活動するようになって気付いたことはありますか？

小林：地域の視覚障害の方の知り合いが少ないなと思いました。平日は虎ノ門へ出勤していますし、土日は用事で出かけることが多く、地域で何かするということがないからです。活動で知り合った方たちと生活に身近な情報の交換もできるようになりました。

　また、行政との関わりができ、自分の住んでいる地域のよさも知ることできました。LaLa は調布市社会福祉協議会（以下「社協」）の自主グループに登録しています。私が活動について進め方などを相談しに行ったとき「会社帰りですよね？　夜でもいいですよ」と言ってくださいました。話が盛り上がり21時頃まで付き合ってくださったこともあります。

　調布市では平日の夕方、家庭の事情で塾に行けないお子様を、現役大学生が勉強を教える学習支援会もしています。サポーターを募集した際にご紹介いただいてそこに広報に行ったことがあります。自主性や自助努力を大切にされていて、とてもいい雰囲気でした。

　社協の職員の方は二十代の方からベテランまでいらっしゃり、人の厚みを感じました。旧来体質ではない、新しい福祉の芽を感じました。

身体感覚の活性化と心の健康

──LaLa の運営に関して、今注目している取り組みなどはありますか？

小林　最近、眼科医の椎野めぐみ先生[2] と交流を持たせていただいています。とてもチャーミングな気さくで素敵な先生です。患者様のグリーフケアにご関

---

[2] 元・横浜赤十字病院眼科部長，現・八景島駅前眼科院長．インタビュー記事「目が見えなくなってもその人の人生は続く。ロービジョンケアをもっと身近に。」
　（前編）https://spot-lite.jp/shiino-megumi-zenpen/（2022年1月5日参照）
　（後編）https://spot-lite.jp/shiino-megumi-kouhen/（2022年1月5日参照）

心をお持ちで、月1回患者様やご家族、支援者を含めた集いを続けていらっしゃいます。私のように治療方法のない眼疾の患者様に対して、医療従事者として、心に寄り添うことが大切だと考えていらっしゃいます。そのような先生はなかなかおられません。先日参加させていただいた会がすごくいい雰囲気でした。前半はヨガの先生による体のストレッチ、後半は皆さんが話したいことを語るというものでした。20人ぐらいいて、それほどたくさんは話せませんでしたが、中途で視力を失った方、中途の弱視の方、見えなくなってきている進行中の方などさまざまにいらっしゃいました。老いや病気で体の機能が低下していく喪失感は、私も経験しましたが、なかなか受け入れられないものです。ヨガに出会い気持ちが前向きになり始めたと話してくださった方もいらっしゃいましたので、あのような会の進め方もいいなと思いました。

──小林さんはご夫妻でアロマセラピストの資格をお持ちですが[3]、最近はアロマセラピーのほうはどうですか。

小林　感染症対策になるブレンドオイルを室内にディフューズしたり、無香料のハンドソープに混ぜて使ったりしています。心地よく眠りたいときはティッシュにラベンダーを1滴落として枕元に置くだけでも香りに癒されるんですよ。

──視覚以外の感覚を使ったストレスコーピングにもいろいろな可能性がありますね。

小林　五感を意識的に使うというのは、心の健康にもとてもいいと思います。

見えない世界を生きる原動力

──この書籍は「生きる意味」がテーマなのですが、この言葉は、陽子さんご自身が以前、口にされていたキーワードでもあったと思います。視覚障害を持ちながら「生きる意味」について、今どんな考えをお持ちですか。

小林　何かを「やりたい」という意欲が生きる力になると思うんです。何年か前に見た映画で、敵に連れ去られたヒロインを救うため、主人公が魔法の森で老師に特訓を受けるシーンがありました。「キャンバスに描きたい絵を描きな

---

[3] NHK視覚障害ナビ・ラジオ「アロマでワンランクアップ！」（小林夫妻のインタビュー記事）https://www.nhk.or.jp/heart-net/shikaku/list/detail.html?id=47229（2022年1月5日参照）

さい」と言われ、主人公は描きたいものが思い浮かばず、しばらくキャンバスは真っ白なままでした。私はそれを見て、キャンバスや筆や絵の具があっても、描きたいものがなければ描けないんだ、と思ったんです。同様に、パソコンを買い、音声ソフトをインストールしても、そのツールを使ってやりたいことがなかったら、生かせない。だから「何かをやりたい」という気持ちは大切だし、育んでいかなければ生きるのが難しいのではないか、と思ったんです。それが、生きる意味に繋がるように感じています。

——小林さんは、他の視覚障害者の方が何かをやりたいという気持ちを育てて、生きる意味という面からも支援したいという考えをお持ちで、それが LaLa の活動にも繋がっているのですね。

小林　はい。私が影響を受けた考え方の一つに、鋼鉄王と言われるアンドリュー・カーネギーの「人間は、優れた仕事をするためには、自分一人でやるよりも、他人の助けを借りるほうが良いものだと悟ったとき、偉大なる成長を遂げる」という考えがあります。私は実業家ではありませんが、見えなくなってきて、人に助けていただく機会が増えたことがこの名言と重なって「一人でできないことを、大勢の力を集めてもっといいものを作れる」と知りました。LaLa の活動を通じて様々な方と知り合い、助けていただいています。見えなくなってきて色々なことを諦めたんですが、自分の限界を知って、逆に限界を突破できたようなところがあるんです。LaLa の活動は、何ひとつとっても、私ひとりでできるものはありません。アイディアを出し合い、企画を練り上げ、教科書作り、チラシ作り、お誘いなど、視覚障害がある方もない方も関係なく、たくさんの方が力を貸して下さることが本当にありがたいです。見えていたとき以上に興味関心の領域が広がり、人間関係も広がっています。いい意味で、自分も周りもみんなで変化していく予感もしています。それも生きる意味、人生の醍醐味のように感じます。

　フランクル博士の「あなたが人生に絶望しようとも、人生があなたに絶望することはない。何かや誰かのためにできることがきっとある。人生があなたを待っている」というお言葉にも重なるものがあると感じます。

（2021年12月）

〈補 論〉
メンタルスキルをこれからの自分にどう活かすか[4)]

小林陽子

　私はここ数年で視野の中心が見えなくなり、自分でできることが減り、人の手をお借りすることが増えました。

　昔できたことができなくなっていく喪失感、何も考えずにやれたことを人にお願いしなければならないもどかしさ、人に迷惑をかけているという自己否定といったマイナスの感情に心が覆われていきました。

　自分は、もともと前向きな性格だと思います。しかし、このときは前向きに物事を考えられず、仕事に行くのが精いっぱいで、何をしていても楽しいと感じられませんでした。人からいただく優しさも自分の中に浸み込まず、そんな自分を責もしました。どうすることもできなくて苦しかったです。

　家では最低限のことだけしてあとは休んでいました。

　そんな私の様子を見て、音楽家の先生が主宰するメンタルスキル講座を主人が薦めてくれて受講することになりました。

　講座は、さまざまな講義とワークがありました。その中で、印象に残ったのが主にコラージュ療法、絵画療法、箱庭療法体験及びネイチャーセラピーです。

　絵画療法では、川のどこに石を置くかというワークがありました。私は川の外に大きな石を置き、その上に自分が座って釣りをしている。近くに犬も一緒にいる、というイメージをもったんです。先生の分析では、石は困難を象徴していて、それに自分が乗っていてさらに釣りまでしているというのは、とてもポジティブなんですよ、ということでした。

　箱庭療法体験では、中心に橋を置きました。橋は人と人をつなぐ象徴であり、中心に置くものはその人が一番大切にしていることが多いそうです。私は人同士のご縁を結び付けたりすることが好きだったり大切に思っているということ

[4)] この補論は，新南田ゆり氏が主宰するメンタルスキル講座の修了課題として2018年10月に小林陽子氏が提出したレポートに加筆修正したものである．

がわかりました。

　ネイチャーセラピーでは木の葉や枝、草花を拾い集めて画用紙に自由に貼るというワークをしました。そのとき、私はなんとなく中心に花を置きたいなと思ったんです。その分析結果は、中心に置くものはその人が大切にしていること、花は美しさを意味している、ということだったんです。私は自分の顔や姿を鏡で見られなくなって、美しさを考えなくなりました。でも、自分の中に美を大事にしている心が残っていることを知りうれしかったです。

　心の様相は見えませんのでわかりません。でも、こうした療法で自分の心の状態を知ることができました。他にもさまざまありますが、言葉にできないけれどビジュアル化することで、自分のことに気付くことができ、安心感が出てき始めました。

　見えなくなってから、人が怖いと思うようになりました。その場にいない人の悪口を話している人たちを、音だけで感じるようになり、「自分も陰でどう言われているかわからない」と怖くなって自分の考えを人にあまり話せなくなっていきました。

　講座では、人とのコミュニケーションスキルを習いました。また、人には個性があり自分と合う人合わない人がいるのは当たり前であること、人を無視するのとは違う「私は私、あなたはあなた」という考え方があること等を学びました。冷静に自分の置かれた状況を見られるようになってきて、人への恐怖心が少しずつ減っていきました。

　マイナスのストローク[5]を拒否していいというのは目から鱗でした。それは自分を甘やかしていることとは少し違うというのを学びました。人からいただいたプラスのストロークは感謝の気持ちで受け取り、自分にもプラスのストロークを与える。ほめてもらったら素直に喜び「ありがとう」のプラスのストロークを返す。人にも自分にもプラスのストロークを出せるようになりたいので、日ごろから相手のいいところ、自分のいいところの療法にアンテナを張っておく。ほしくないマイナスのストロークを投げられたら拒否する。いやな言葉や不当な言葉をそのまま受け取らない。無防備にマイナスのストロークを受ける

---

[5] 心理学におけるストロークとは，人との接触，コミュニケーションから得られる心理的な刺激のこと．

必要はないと考えることを学びました。

　来月から傾聴ボランティアにうかがいます[6]。また、盲学校でメンタル講座をやりたいと思っています。初対面の人と緊張せずに話せるようになるため、日ごろから以下のスキルを実践していきたいと思っています。

（１）　ものの見方や考え方は人それぞれなので、自分とは違うものの見方や考え方に遭遇した時に自分の中に起こる化学変化を楽しむ。

（２）　お天気、季節のこと、相手の関心事を三つずつ聞く練習を普段から心がけ、新しい感動や発見を楽しむ。

（３）　気の合わない人と会話をするときはとくに、礼儀を保つ。

（４）　相手と違う点が見えたときは敵にならず味方になる。意見を言い合うのではなく、相手に関心を持って話を聞く。共通点を探す。共通の話題を共有できる楽しさを感じるといい。どうしても共感できなければ「You think so」でいい。

（５）　状況を明らかにするための質問をする（相手が自由に答えられる質問と、答えが限定される質問がある）。答えが限定される質問はたくさんだと相手に圧迫感を与えるため注意が必要。

（６）　自己紹介は次のようにする。名前、仕事、趣味、住んでいる地域、相手の話の中で自分が興味のあるものを一つ選んで詳しく聞いてみる。

（７）　相手の話したいことを引き出すためのアプローチをする。どんなアプローチが効果的かをこれから研究していく。

---

[6]　傾聴スキルは，高齢者住宅にアロマハンドトリートメントに行っていたときに実践したという．SOMPO ケアホームだより「天使のアロママッサージ‼」https://www.sompocare.com/service/home/satsuki/H000422/message-detail/15201（2022年1月5日参照）

創造価値はプライスレス

　寄付は、それを行う者が、他者に託すというかたちで創造価値を実現する機会である。創造価値は内面的価値であるから、金額の大小は、創造価値の有無に関係しない。創造価値は「量より質」で、寄付の場合、その「質」を決めるのは、寄付の金額ではなく、寄付に込める「思い」である。

　第6章（p.74）で言及されていた米国の実業家アンドリュー・カーネギー（Andrew Carnegie, 1835〜1919）は晩年、鉄鋼会社の資産を売却して大規模な慈善活動を行ったことでも有名だ。貧しい移民だった彼は、図書館を利用して独学した経験から、とりわけ図書館の建設と運営に多額の寄付を行った。重厚な建築のカーネギー図書館は米国に1679館、英国やカナダを含め2811館が建設された。

　カーネギーの社会的貢献の大きさは数値で客観的に理解できるが、彼の創造価値の大きさは彼自身にしかわからない。カーネギーは「図書館は私に世界の知的財産への扉をあけてくれた」、「一般大衆の向上をはかる最良の手段として私は無料の図書館を選ぶ。それは、図書館が自ら助ける者を助けるのだから」と述べており、図書館への寄付に特別な意義を感じていた[1]。多くのカーネギー図書館の入口には、聖書の「光あれ」（Let there be light）という言葉が刻まれ、知恵を授ける啓蒙の光のシンボルである松明のような形状の電灯が置かれている。人々の人生に光あれと願い、独占欲を超えて、知恵を尽くして社会のために富を生かそうと考える、その精神こそが、彼の内面において実現される創造価値の根拠なのである。

　日本にも渋沢栄一、大原孫三郎、本多静六、安田善次郎など多額の私財を投じて社会の発展に寄与してきた人々がいる。そこには「公への奉仕」という固い信念が見て取れる[2]。寄付金額の大きさや事業の規模が、内面の創造価値を決めるのではない。多額の寄付をしたとしても、そこにその人の「思い」がこもっていなければ、創造価値を実現したとは言えない。つまり「創造価値はプライスレス」なのだ。

竹之内禎

[1] 千錫烈編著『図書・図書館史』（ベーシック司書講座・図書館の基礎と展望10）．学文社，2014, p.42「アンドリュー・カーネギーと公共図書館」

[2] 丸山登著『寄附文化とスピリチュアリティ——渋沢栄一と大原孫三郎の場合』東洋館出版社，2021

第 III 部

LIFEからの贈り物

きょうは「今の日」と かきます。
えいごで 今のことを Present と いうそうです。
わたしたちは まいにち あたらしい「今日」を
プレゼントされているのかもしれません。

――いもとようこ作・絵『まいにちがプレゼント』金の星社，2018年より

「今日も雲が綺麗だよ」
「本当だ。言われなければ気がつかなかったよ」

――或る日の会話

第7章
絵本セラピーとの出会い
言葉の奥にある compassion

語り手：平塚園枝
聞き手：竹之内禎

絵本セラピストになるまで

——絵本セラピーと出会ったきっかけを教えてください。

平塚 人の縁です。人生が用意していた、歩いて行ったら地続きになってつながっていた、という感じで。地元に絵本セラピストの方がいて、その奥深くて広い魅力に引き込まれました。それまでも、授業の中では絵本を読んでいたんですが、絵本セラピーを学びに行こうと思ったのは、私が、絵本セラピストってこんな素敵な活動をしている人がいるのよね、と話したら、学生の一人が「先生取ればいいじゃん！」と言ってくれて、その言葉が贈り物だったんです。後日、その学生が卒業するときに、「絵本セラピストになったんだよ、あなたのおかげもあるのよ、ありがとうね」と伝えたら、絶句していました。「私の一言……⁉」と思ったみたいです。

——絵本セラピスト養成講座を受講されて、いかがでしたか？

平塚 入った瞬間から空気が清浄でした。「ここは空気が澄んでいる。素敵な場所」と思いましたね。受付の方が清潔感にあふれていて、伊勢神宮のような清潔感、清浄感。養成講座を受けている4日間は、喜びであふれていました。最初の2日間であふれるように絵本を読んでくださって、ものすごくいっぱい与えられた感じがして、すごくうれしくて。場の力、絵本の力、集った方の雰囲気。16人の同期メンバーは、ほとんど知らない人だったけれども、身構えるのがほとんどない状態で、安心・安全とはこういうことを言うんだ、という場でした。4人姉妹の長女でいつもお姉ちゃん的な感じだったのが、みんなとい

ると「妹度数」が増している感じで、そこにいて安心して楽しんでいるというか、日常が身構えていたので、あの場で解き放たれて、自分が「一人の人」として居られた気がします。それがどうしてかはわからないのですけれども。人のために絵本を選ぶというのも、めちゃめちゃ期待感がすごくて。

――絵本セラピスト養成講座の後、認定試験を受けるには、プログラムの実践が3回必要ですけれども、どのようになさいましたか？　何か印象的な出来事はありましたか。

平塚　1回目は、家族に聞いてもらいました。『ハルばあちゃんの手』[1] を読んだ後に、夫は若いころは細い手をしていて、「苦労を知らない人のところに嫁ぐとお前が苦労する」と言われたのですが、今ではしっかりごつごつした手になっていて守ってくれている、ありがとう、と話したら、夫が泣いてくれて、「今日はいい日だった」と言ってくれたのが印象的でした。2回目は、学生を対象に行いました。女性だけのクラスで『ぼくはなきました』[2] を読んで、「お友達同士で「いいところ」を探してプレゼントしあいましょう」というワークをしました。いいところをポストイットに書いて差し出すのですが、渡されたときの学生たちのほほが赤らんで、桜色になるんです。言葉ではなく、表情でゆるむというか、渡されたときの嬉しいな、という表情がとってもチャーミングでした。3回目は、地域の方々を対象に行いました。ブックバーを1回貸していただいて、知り合いの方を中心に、全部で8、9名の方がご参加くださいました。『うまれかわったヘラジカさん』[3] が、若い男の方で、転職したばかりでこれからどうしよう、という方にヒットしたようです。これからの未来に関する自分の思いを述べていただけました。

――認定試験の受験はどうでしたか？　コロナ禍の最中で、新幹線に乗る前からフェイスガードをされて、完全防備でいらしていましたね。

平塚　ものすごく緊張しました。耳がキーンとして。終わったら直りました。受験者が一人だけだったので、その日に合格をいただけてほっとしました。あ

[1] 『ハルばあちゃんの手』山中恒 文．木下晋 絵．福音館書店，2005
[2] 『ぼくはなきました』（学校がもっとすきになる絵本シリーズ4）くすのきしげのり さく，石井聖岳 え．東洋館出版社，2019
[3] 『うまれかわったヘラジカさん』（人生を希望に変えるニコラスの絵本）ニコラス・オールドランド作，落合恵子訳．クレヨンハウス，2011

の日、あの場で認定証を渡していただいたのも印象的でした。

学生に伝えたい絵本

――専門学校では、どのような時間に絵本を学生さんに読まれているのです
か？

平塚　「コミュニケーション」という授業が週1回50分あって、1クラス10人
くらいで、2クラスあります。学生は19から20歳前後の人たちで、大卒、社会
人の方も少しいらっしゃいます。普段はアサーションなど、人間関係トレーニ
ングで学んできたこと、聞くこと、話すこと、について、教える、というより、
分かち合う、ワークショップをやるみんなの中に私がいる、という感じで、学
生さんたち同士で実習をいろいろやってもらっています。

――毎回絵本を読むわけではないんですね。

平塚　「この絵本は学生に伝えたい」という絵本と出会ったときです。

――50分だと、何冊も読めないですね。

平塚　認定試験を受ける前の1回は五冊読みましたが、普段は一冊です。授業
の内容と絵本の内容に対する感想を書いてもらいます。授業の内容にリンクす
るものを読むこともあるし、この絵本素敵！　と思うものを読むこともありま
す。『わたしとなかよし』[4] は、感想文の中から2年続けて「次の後輩にも必ず
読んであげてほしいです」というコメントが書かれていました。

――ご自分で作られた絵本でも、絵本セラピーをなさっていますね。

平塚　長谷川集平さんの「おべんとう絵本」づくり講座[5] に参加して、私も自
作のおべんとう絵本が五冊できたので、これなら著作権処理がいらないし、
「じゃあ、絵本セラピーやっちゃおうか」と思って組み立ててみたら、いいプ
ログラムがたまたまできたので、著作権の許諾のいらない自作の絵本なら何回
でもできるから練習をしようと思ったのが始まりでした。今までに6回くらい
やって、大勢の方が参加してくださいました。

――絵本の読み方が大変印象的ですが、何か工夫されていることはあります

---

[4] 『わたしとなかよし』ナンシー・カールソン　さく，なかがわちひろ　やく．瑞雲舎，2007
[5] 長谷川集平著『絵本づくりトレーニング』筑摩書房，1988

か？

平塚 自分の中に、哀しみの色合い、喜びの色合い、楽しみの色合いなど、いろいろな色合いがあって、どの絵本にどの色合いを差し出すか、ということを考えています。『おもちのおふろ』[6] は、自分で楽しくなっちゃう感じで。『ぬかどこすけ！』[7] は、思わずにこにこして読んじゃう。『ぼくは川のように話す』[8] は全然違って、主人公の吃音の男の子の立場で、ある意味シビアな感じになって、自分の地声、authentic voice で、柔らかめではなくて、下がった声で読みます。『醜い花』[9] は、重なり合うようなグラデーションがあります。

──絵本作家さんのイベントにもよくご参加されていますよね。印象的なイベントはありましたか？

平塚 長谷川知子さんが臨床心理士学会のイベントで、臨床心理士の方に「ああじゃない、こうじゃないと解釈されたくない」とおっしゃっていたのが印象的でしたね。

──それは、フランクル博士がよく指摘されている、精神次元の意味を身体・心理次元で解釈してはならない、ということですね。

平塚 あと、「りんごをいっぱい描いたら真夜中にりんごの香りがしてきたのよね」とおっしゃっていたのがとっても印象的でした。

ロゴセラピーと絵本セラピーが重なる幸運

──ロゴセラピーについては、いかがですか。

平塚 生きる意味といっても、頭ではなくて、ハートで感じる、というのが私の基本で。

──それは**体験価値の必要条件**のようにも思います。

平塚 言葉で全部表現しなくちゃとは思わない。表情とか、ノンバーバルな部分が大切で、絵本で言うと「文字で語って、絵が語る」、「絵が語ってくださ

---

[6] 『おもちのおふろ』苅田澄子作，植垣歩子絵．学研教育出版，2014

[7] 『ぬかどこすけ！』かとうまふみ作．あかね書房，2018

[8] 『ぼくは川のように話す』ジョーダン・スコット文，シドニー・スミス絵，原田勝訳．偕成社，2021

[9] 『醜い花』原田宗典（文），奥山民枝（絵）．岩波書店，2008

る」、という。オンラインでも画面ごしに、お話ししないその方、いらっしゃるその方の気持ちを感じようとしています。

——フランクル博士は、"Logos is deeper than logic."、「ロゴス（真理）はロジック（論理）より深い」という言葉を残されていますね。「生きる意味」も「愛」も、人間が使う道具としての記号で説明される以上のもので、ハートで感じるしかないですね。

平塚 たくさん話す人に比べて、本当に芯のところを差し出される方は、大事にしなくちゃと思います。ロゴセラピーを学ぶ人たちからは、ロゴセラピーは生き方、という面を学ばせていただいています。たとえば盛岡ゼミでウェルカムの「あいあいがさ」を作って迎えてくれたとか、そういうところに感じるものが多いです。共に遊ぶ「共遊」というんですかね。そういう方との出会いも人生からの大きなプレゼントで、ロゴ的な生き方のもとを作るためのあり方、みちしるべ、足元の明かりみたいな出会いだと思います。私自身が潤い、豊かになって、それをまたどなたかにお分けできる自分になるという循環で。人的な財産、出会った方たちの生き方が、私にとって大切なんだと思います。

言葉の奥にある compassion

平塚 ロゴセラピーも絵本セラピーも、いろいろなものの中から選んでやっているので。選ぶ選択肢は他にもたくさんあったんですが、人との出会いがあって招かれて選んでいるので、「運命」というか、calling（使命）、招かれている感じがします。その根底には、"compassion" という言葉が自分の中にいつも響いています。

——"compassion"、慈悲とか思いやり、共に苦しむという意味ですね。

平塚 聖書に「善きサマリア人のたとえ」というのがあって、相手が何者であっても、何も考えずに、思わず助けてしまう、何も考えずに思わず体が動いてしまう、そういうものが大事だと思っています。「共に楽しむ」の前に、「共に苦しむ」のがないと。ただ楽しくて良かったですね、じゃないものが、それより前にあると思うんです。お互いの苦しみに対する思いが、言わないけれども、ある。それがないと、笑顔にはならない。絵本セラピーでは、いつの間にか笑顔に、いつの間にか世界平和に、と言いますが、その前に、「共に苦しむ」と

いうこと、compassion が私の芯になっています。私の中にあるのは compassion、響き合う、という感じです。compassion 的なものが私のフィールドで、大事にしている思いです。

――フランクル博士は、homo sapiens（知恵ある人間）に対して、homo patiens（苦悩する人間）こと人間の本質だと言っていますね。看護学の先生だった石井誠士先生はさらに、homo patiens（苦悩する人間）は、homo conpatiens（共に苦悩する人間）であるがゆえに homo curans（癒す人間）になることができる、と述べられています。

平塚　相手の方と対話、お話をすることによって、わからない部分がわかってくると、共苦にもなると思います。

――"compassion" は「慈悲」という訳語もありますが、仏教では慈悲の本質を「同悲同苦」と表現しています。相手への「共苦」があるから、慈悲というか、優しさ、思いやりが生まれてくる、ということかと思います。いつも優しい絵本の読み聞かせをしてくださいますが、根底には「苦」への共感をお持ちなのですね。

ロゴ×絵本

――最後に、ロゴ的な観点からおすすめの絵本を三冊紹介していただけますか。

平塚　ちょうど今、これと思った３冊は、まず『おくりもの』[10] です。ハリネズミが、自分は針で他の人を傷付けるから、と引っ込み思案なんですが。クマが広い世界を見せてくれて、自分もみんなにために何かしようと思い立って、針で編み物をしてプレゼントするんです。そうするとお友だちが逆に、ハリネズミさんに何かプレゼントしよう！　と、家の周りにお花を植えてくれました。私が「ありがとう」と思うと、向こうから「ありがとう」のお返しがあって不思議なんですが、そういう感じです。二冊目は、『ガラスのなかのくじら』[11] です。キーパーソンがいるんです。大きなガラスの水槽に入れられたくじらのウェンズデーが、パイパーという女の子に「あなたの場所はここじゃないわ」と

[10] 『おくりもの』豊福まきこ作．BL 出版，2020
[11] 『ガラスのなかのくじら』トロイ・ハウエル，リチャード・ジョーンズ作，椎名かおる訳．あすなろ書房，2018

言われて、その一言で悩んでジャンプすると、海を見つけるんです。そして海に戻って行って、出会うべき人に出会う。女の子の言葉が暗示したのは、今以上の可能性。キーパーソンとの出会い。聞き逃さないで悩む。直感。向こうにあるあの青いものは何だろう、と悩む。出会い、直感、そしてジャンプ。最後の見返しのところには、宙返りして嬉しくて嬉しくて、飛び回り喜びに満ちているウェンズデーの姿が描かれています。三冊目は『もしかしたら』[12] です。絵がとても綺麗なんですけれども、絵と字が別のことを語っている感じがします。書いてあることは自己肯定感、未来を見ていく感じ。可能性がいっぱいの若い方だけじゃなくて、私自身もそれができるな、何歳になっても、という絵本です。

（2021年12月）

コラム⑧

暮らしの風景を生きる

　創造価値、体験価値、態度価値。どれも自分にはほど遠いと感じる人もいるかもしれない。だが、誰にでもあてはまることが暮らしだ。そして、日々の暮らしの瞬間、瞬間を生きることは、何も考えていないように思えて、実は奇跡的な軌跡である。その軌跡は偶然に翻弄された必然である。

　暮らしの風景の中の自分を想像してみてほしい。通学の道のり、駅に向かう経路、駅で改札を通るとき、階段を上り下りするとき、コンビニで飲み物を選んだり買ったりするとき、街路樹の近くを歩くとき、出かけ先で観光客となるとき、病院で患者となるときなど、あなたという存在は、どの瞬間も風景の中に生きている。そして、いつでもどこにでも「生きる意味」が風景として創られている。

　まちに出てみてはどうだろう。いつもの風景に身をおいてみると、1人でいても、誰かといても、あなたはまちの一部となっている。まちの中に埋もれているのではなく、自分の感覚をもって自律した存在として生きている。混雑した改札口にまぎれているとき、あなたの存在はあなただけ、あなたが聞くこと、見ること、触れること、喜怒哀楽は、他の誰とも変えることはできない唯一のものだ。たとえそれが表現できなくても、そのとき意識的には何も考えていなくても、無意識のうちに自

---

[12] 『もしかしたら』コビ・ヤマダ さく，ガブリエラ・バロウチ え，前田まゆみ やく．パイインターナショナル，2020

分を創っている。

　コロナ禍でおうち時間が長い、ということもあるかもしれない。しかし、自宅の中だから風景はない、というわけではない。自宅に、たとえ独り暮らしでも、風景はある。キッチン、洗面所、窓、玄関のドア、冷蔵庫、どこもあなたを必要としている。手を洗うとき、水が肌に触れる瞬間の温度の感覚、ハンドソープの泡とともに徐々に広がる香り、水が流れる勢いと音の変化、鏡の中の出会い、手を洗う過程での気持ちの変化、ネイルアートの発想が浮かぶなんてこともあるかもしれない。誰も見ていない家の一隅であっても、あなたの振る舞い一つひとつが、暮らしという軌跡を創っているのである。

　風景の中の個人が織りなす暮らしをつなぎあわせたものが、コミュニティの風景となり、さらにまちの風景となる。そんなまちの魅力をつくりだすのが、シティプロモーションと呼ばれる取り組みだ。

　河井孝仁は、人々がまちづくりに関わることで「自分には意味がある」と思えるような仕組みをつくることがシティプロモーションの考え方として大切だと述べている[1]。それは、地域の美点を他の人にも伝えたいという「推奨意欲」、地域を輝かせる活動への「参加意欲」、地域への「感謝意欲」としてあらわれる。河井の調査によれば、自分が住む地域の魅力を短いことばで語れるという人の約75％が、自分のことを意味のある存在だと思っているそうだ。地域の魅力を語れることが、自分は意味がある存在だと思うことにもつながっている。

　自分の在処を守りながら暮らしの中を生きる、その風景をつくりだすだけでも、そこには自ずと価値が実現している。

竹之内明子

1) 河井孝仁著『シティプロモーションでまちを変える』（フィギュール彩74），彩流社，2016

第8章
読書の体験を伝える
読書感想文とビブリオバトル

竹之内禎・西田洋平

「閉じ」た読書の体験を「表現」する場

　読書という体験はそれだけで素晴らしい。読書はある意味で仮想的^{バーチャル}な体験だが、それでも実際的^{アクチュアル}な体験に匹敵するくらい、脳科学的には良い影響があるという研究報告もある。けれども読書とは、基本的に個人で行う行為である。読書という体験は、第一義的には読者個人の中で「閉じ」ている。

　それを読者自身が語り直すことによって、受動的な「体験」が能動的な「表現」に変わる。読書体験を聞く人も、語り手の読書体験の一部を想像することで、自ら読書をするのとは別のかたちで本の魅力と出会うことになる。読書体験を振り返り、その印象を誰かに伝えようとすることで読書から得られる印象が深められ、それ自体が「体験価値」にまで高められる可能性もあるし、またそれが他の人と共有されて話題が広がるなど、さらに新たな意味を持つ体験になるかもしれない。

　読書の体験を伝える方法として、ここでは「読書感想文」と「ビブリオバトル」を例に挙げる。以下、前半の読書感想文については竹之内が、後半のビブリオバトルについては西田が論じる。

読書感想文の書き方講座――文は人なり――

　小中学校の読書感想文が面倒で嫌いだったという声を多く聞く（たまに好きという人もいるが珍しい）。おそらく、書き方がわからないので、書き進めら

れずに苦しむせいだろう。結果ネガティブな印象が人生の記憶として残ってしまうのは残念なことだ。

　筆者（竹之内）は地域の図書館等で、小学生を対象に夏休みに「読書感想文の書き方講座」を実践している。この講座は、本との出会い体験を意味ある出来事、ライフイベントとして振り返ることが目的である。

　そのエッセンスは中高生以上、さらには大人にも使えると思われるので、以下では主に、大人の読書感想文講座を実践することを想定して、その方法を紹介する。その中で、小学生を対象にする場合の注意点も添えることとする。最後に小学生向けの資料を参考に挙げる。

（0）準備

　75×75mm 以上の大きめの付箋を20枚くらい用意する。いろいろな色があると楽しい。付箋には、問われたテーマごとに感想文の種となるものをメモしていって、あとで貼る場所を変更するなど、KJ法[1]のような使い方をする。

　小学生が原稿用紙に書く場合は、絵柄のある原稿用紙が楽しい。ただ、大人であればパソコンのほうが使いやすい人もいるかもしれないし、視覚障害者が参加する場合には専用の機器で書いていくこともありうる（実際あった）。

　以下の導入部分と各パートの書き方の手引きは、あらかじめ簡単なレジュメにしておくとよいだろう。小学生の場合は資料に読めない漢字があるとつまずいてしまうので、初歩的なもの（「人」、「本」、「文」など）を除き、ほとんどの漢字に読み仮名（ルビ）を付ける。筆者はA3横向きで6枚のレジュメ（後掲）を作成し、各ページの左側を説明、右側を空白にして印刷し、付箋を貼る場所とした。

（1）導入

　はじめに総論として、読書感想文の意義と、「読書」「感想」「文」という3つの言葉について（大人を対象とする場合）以下のように説明する。

---

[1] 思いついた情報をカードに書き，同じ系統のカードをグループ化して，データを整理，分析してまとめていく発想法．文化人類学者の川喜田二郎氏が著書『発想法』（1967）で紹介した．考案者の頭文字K（川喜田）とJ（二郎）を取ってKJ法と呼ばれる．

「私が考える読書感想文とは、「本との出会い」を意味で満たすという作業です。言い換えれば、「私は、このようにしてこの本と出会い、この本の魂に触れた」ということを書き留める作業です。これによって、本との出会い、英語では偶然の出会いのことをセレンディピティと言いますが、このセレンディピティを含めた読書体験を、再び新たに印象づける、という試みでもあります。

　中田邦造という方は、「文は人なり」という立場から、次のようなことを言っています。
　「図書の本質は紙とインクの合成物ではなく、著者の人格の表現である。読書の本質は、その人格を読者のうちに再現することである。そして図書館の本質は、図書と人とを結びつける働きである」[2] と。

　私たちも《読書》という行為を、単に記号列の意味を読み取る作業ではなくて「著者の人格と出会う体験」であると考えてみたいと思います。

　《感想》とは、自分自身の心のうちに浮かび上がった考えや気持ちのことです。その内容は、自分にしかわかりません。それをしっかり把握するためには、見て気になった箇所、印象に残った箇所について、二つのことを考えてみてください。
　一つめは、「とくにどこが？」という点です。二つめは、「それはなぜか？」です。この二つをいつも考えながら、書き進めていきましょう。

　そして《文》にするとは、言葉で、書いて表現することです。言葉は、人間だけが使える道具であるともいわれます。ある種の動物は、簡単な言葉を使うともいわれますけれども、人間のように多数の記号に意味を持たせて、時間と空間を超えた情報伝達を可能にしている動物は他にいないと思われます。その意味で、「文を書く」というのは、人間だからこそ可能

---

[2] 中田邦造「読書の体験を省みて図書館関係者の任務を思う」『中田邦造』日本図書館協会，
　1980

な表現方法だといえるでしょう。

　まとめると、本と出会い、それを読むことは、書き手の人格にふれる体験でもあります。それを通じて感じたことは、あなただけのものです。文は、私たちが人間だからこそできる表現方法で、あなたが書いた文は、あなただけの表現です。だから、特別な意味があり、価値があるのです」

（2）タイトルの印象を書き留める
　以下、各論に入る。パートごとの書き方の説明だが、まずはタイトルである。

　「読んできたのは、何というタイトルの本ですか？　読んできた本は、あなたしか知りません。だから、あなたにしか書けません」

と促し、レジュメの空白部分にタイトルを記してもらう。続けて、

　「そのタイトルの何が気になりましたか？　タイトルのこの言葉が面白そうだとか、知らない言葉だとか、難しそうだとか、お洒落な雰囲気だとか、一風変わっているなど、①とくににどこが？　②それはなぜか？　の順で、考えてみてください。好きな色の付箋を使って①を書いて、そのあと、違う色の付箋を使って②を書いてみましょう」

と促す。タイトルに注目し直すだけでも新たな発見がある。
　小学生向け講座で『ネコリンピック』（益田ミリ作，平澤一平絵，ミシマ社，2014）という絵本を題材に説明したときには、参考として以下のような文例を示した。

　「私は、このタイトルの、ネコとオリンピックがくっついているところが、とくに気になりました。ネコにも、オリンピックがあるのかな？　と思ったからです」

（3）表紙のデザインの印象を書き留める

　書物が著者の人格の表現であるならば、いきなり中味に入り込むのではなく、出会いの瞬間から目に入るところ、タイトルと同時に、表紙のデザインや外装にも注意を払うべきであろう。そのことを説明し、その本を手に取ってよく観察し、表紙のデザインや外装から感じたことを書いていってもらう（ただし、視覚障害者が参加する場合には、ここは飛ばしてもかまわない。視覚障害者にとって、最初の出会いはタイトルや著者の情報で、すぐに内容に入るからだ）。

　たとえば、以下のような語りかけをする。

　「表紙のデザインの何が気になりましたか？」と問いかけ、

> 　「絵がきれい、○○の写真がある、表紙の色がこんな色で気に入ったなど、①とくにどこが？　②それはなぜか？　の順序で、考えてみてください。好きな色の付箋を使って①を書いて、そのあと、違う色の付箋を使って②を書いてみましょう」

と促す。

　以下は『ネコリンピック』の例である。

> 　「この本の表紙で、私がとくに気になったのは、ネコがいろいろな服をきているところです。みんなちがう色の服をきています。よく見ると、表紙のタイトルの文字は金色です。うら表紙には、ねっころがったり逆立ちしたりしているネコもえがかれています」

（4）本との出会いを書き留める

　次は、その本との出会いについて思い起こしてもらう。

> 　「その本と、どのようにして出会いましたか？　なぜ、その本を読むことにしたのですか？　その本を読むまでに、何がありましたか？　心に残っているできごとは？」

と問いかけ、

「誰かにすすめられた、誰かが買ってきてくれた、書店や図書館で見て気になったなど、①とくにどこが？　②それはなぜか？　の順序で、そのときの様子、どんなことがあったかを、詳しく教えてください。好きな色の付箋を使って①を書いて、そのあと、違う色の付箋を使って②を書いてみましょう」

と促す。
　以下は『ネコリンピック』の例である（シチュエーションは架空のもの）。

「私がこの本をえらんだのは、オリンピックの本をさがしていたとき、以前、絵本にくわしい友人が読んでくれたのを思い出したからです。でも、この本は家にはなかったので、妹といっしょに図書館に行って、図書館の人に探してもらい、借りてきて読みました」

（5）読んだ本の内容を簡潔に説明する
　読書感想文というと、あらすじの紹介で終わってしまうという話をよく聞く。しかしそれでは感想にはならないので、筆者はあらすじを一つか二つ、多くても三つの文章で表現するようにしてもらっている。

「その本の内容を、ひとことで説明するとしたら？　①まず、ひとことで説明し、②説明がたりなければ、もう少し詳しく、もう１つ文章を書き加えてください。好きな色の付箋を使って、①を書いて、そのあと、ちがう色の付箋を使って②を書いてみましょう」

と促す。以下は『ネコリンピック』の例である。

「①この本は、ネコがオリンピックをするという内容です。②ネコリンピックは、好きなときに好きなところからスタートして、どんなやり方でもよくて、飛んだり、休んだり、助けてもらったりしてもいいというオリンピックです。ひっかくのはダメで、みんなメダルがもらえます。「○○しても、いいんだってにゃ〜」という言葉をくりかえしています」

（6）読んだ感想を紹介する

いよいよ、内容の感想を述べる最終パートだ。

　　「あなたがその本を読んでみて、今一番気になるところは何ですか？
　もしあなたが１分だけ話せるとしたら、何が一番気になったと伝えます
　か？　この場面が、この人物が、この行動が、この結末が、一番気になっ
　ている……など、①とくにどこが？　②それはなぜか？　の順序で、考え
　てみてください。好きな色の付箋を使って①を書いて、そのあと、違う色
　の付箋を使って②を書いてみましょう。一番気になることを書いたあとで、
　ほかにも気になったこと、印象に残ったことがあれば、上の①、②の順序
　で書いて下さい」

と促す。

以上が読書感想文の書き方講座の流れである。

　小学生向けの講座では、１回10名程度を対象に、筆者が説明し、サポーター
役の何名かが巡回しながら、なかなか書けないでいる児童にあらためて問いか
けを行い、その答えを記してもらって進めている。

　次ページ以降に小学生向け講座で使用した資料（レジュメ）を示す。小学生
向けの資料ではあるが、大人向けでも本質は変わらない。気になった本を一冊
手に取り、タイトルの印象、表紙のデザインの印象、その本との出会いを振り
返り、書き留めて、誰かとシェアしていただきたい。

　レジュメの最後に「できあがった文は、あなただけの作品です。家に帰って
だいじに完成させてくださいね」と書いた。大人向けに言うならば、「著作権
者はあなたです。心の宝として秘蔵するもよし、誰かとシェアして楽しむもよ
し」とでもなるだろう。

読書感想文の書き方講座

◎はじめに

読書感想文って？

読書・感想・文⇒「読書」＋「感想」＋「文」です！

◇読書＝書物を読む、本を読む

その本をよーく見て、

その本について、知ることから！

▽感想＝あなたの心に残ったこと、印象に残ったこと

①とくにどこが？　②それはなぜ？

この二つを、いつも考えましょう。

☆文＝ことばで書くこと

ことばは、人間だけができる表現です。

あなたが書いた文は、あなただけの表現です。

だから、特別な意味があり、価値があるのです。

1. 本のタイトルについて…☆

読んできたのは、何というタイトルの本ですか？

…☆　　　☆…　のあいだは、あなたにしか書けません。わくからはみだしても

かまいませんので、下に書いてみてください。(「私」は「わたし」「ぼく」でもOK！)

> 私が読んだのは、『…☆　　　　　　　　　☆…』と
> いう本です。

そのタイトルの何が気になりましたか？（感想）

　　①とくにどこが？　　⇒　　②それはなぜ？

おもしろそう、知らないことば、むずかしそう、おしゃれな雰囲気、変わっている…

好きな色の「ふせん」を使って、①を書いて、そのあと、ちがう色の「ふせん」を

使って②を書いてみましょう。ふせんは右側にはってください。

> 私は（ぼくは）、このタイトルの…☆①　　　　☆…
> というところが、とくに気になりました。それは、
> …☆②　　　　　　　　☆…だからです。

たとえば…★

> 私は、このタイトルの、ネコとオリンピックがくっついている
> ところが、とくに気になりました。ネコにも、オリンピックがあ
> るのかな？と思ったからです。

２．表紙のデザインについて…☆

表紙のデザインの何が気になりましたか？（感想）

①とくにどこが？　⇒　②それはなぜ？

絵がきれい、○○の写真がある、表紙の色がこんな色で気に入った…

好きな色の「ふせん」を使って、①を書いて、そのあと、ちがう色の「ふせん」を使って②を書いてみましょう。書けたら、右がわにはってください。もっと気になることがあったら、「ふせん」をふやして、書いていってください。そして、わくからはみだしてもかまいませんので、下の…☆　　☆…にも書いてみてください。

> この本の表紙で、とくに気になったのは、
> …☆①　　　　　　　　　　　☆…ところです。それは、
> …☆②　　　　　　　　　　　☆…だからです。

たとえば…★

> この本の表紙で、私がとくに気になったのは、<u>ネコがいろいろな服をきているところ</u>です。みんなちがう色の服をきています。よく見ると、表紙のタイトルの文字は金色です。うら表紙には、ねっころがったり逆立ちしたりしているネコもえがかれています。

3．本との出会い…☆

その本と、どのようにして出会いましたか？

なぜ、その本を読むことにしたのですか？

その本を読むまでに、何がありましたか？

心に残っているできごとは？（事実と感想）

①とくにどこが？　⇒　②それはなぜ？

先生にすすめられた、母（父）が買ってきてくれた、本やさん（図書館）で見て気になった…など、そのときのようす、どんなことがあったかを、くわしく教えてください。

好きな色の「ふせん」を使って、①を書いて、そのあと、ちがう色の「ふせん」を使って②を書いてみましょう。書けたら、右がわにはってください。

```
　私がこの本を選んだのは、…☆①　　　　　　☆…
からです。…☆②　　　　　　　☆…
```

たとえば…★

```
　私がこの本をえらんだのは、オリンピックの本をさがしていた
とき、以前、絵本にくわしい友人が読んでくれたのを思い出した
からです。
　でも、この本は家にはなかったので、妹といっしょに図書館に
行って、図書館の人に探してもらい、借りてきて読みました。
```

4．読んだ本の内容を説明する！…☆

その本の内容を、<u>ひとことで</u>説明すると したら？

①まず、ひとことで説明

⇒ ②説明がたりなければ、もう少しくわしく

好きな色の「ふせん」を使って、①を書いて、そのあと、ちがう色の「ふせん」を使って②を書いてみましょう。書けたら、右側にはってください。

たとえば…★

①この本は、ネコがオリンピックをするという内容です。

②ネコリンピックは、好きなときに好きなところからスタートして、どんなやり方でもよくて、飛んだり、休んだり、助けてもらったりしてもいいというオリンピックです。ひっかくのはダメで、みんなメダルがもらえます。「〇〇しても、いいんだってにゃ〜」という言葉をくりかえしています。

5．読んだ感想を紹介する！…☆

あなたがその本を読んでみて、今一番気になるところは？

もしあなたが1分だけ話せるとしたら、
何が一番気になったといいますか？

①とくにどこが？　⇒　②それはなぜ？

この場面が、この人物が、この行動が、この結末が、いちばん気になっている…　など

好きな色の「ふせん」を使って、①を書いて、そのあと、ちがう色の「ふせん」を

使って②を書いてみましょう。書けたら、右側にはってください。

私がこの本を読んで、一番気になったのは（一番心に残っ
たのは／一番よいと思ったのは）、…☆①　　　　　　　☆…
というところです。それは、…☆②　　　　　　　　　　☆…

いちばん気になることを書いたあとで、ほかに気になることがあれば、
2番目に上の①、②の順序で書いて下さい。

できあがった文は、あなただけの作品です。家に帰ってだいじに
完成させてくださいね。

ビブリオバトル

　ビブリオバトルとは、学校や図書館等で近年注目されている本の紹介コミュニケーションゲームである。以下にその概要にあたる4ステップを紹介するが、公式ルールとその詳細については表1を参照してほしい。

　まず、発表参加者が読んで面白いと思った本を持って集まるところからこのゲームは始まる。当初のビブリオバトルは大学のゼミナールの一形式として想定されており、これには手分けして読むべき本を探すという意味合いがあった。だがその後すぐ、参加者のインフォーマルなコミュニケーションの活性化にも役立つことがわかり、現在は本を知るだけではなく、ゲームを通じて人を知るという側面も強調されている。これはこのゲームの発案者である谷口忠大も指摘しているポイントで、「人を通して本を知る、本を通して人を知る」というビブリオバトルの標語にもそれが表れている[3]。

　集まった発表参加者は、順番に一人5分間で持ってきた本を紹介する。5分という時間は試行錯誤の結果として決まったものとされており、本のあらすじ紹介だけではもたず、自分の感じたことや読んだ理由など、自分のことも話さなければならない程度には長い時間だが、聞き手が飽きるほど長くはない時間として設定されている。この時間制限と、資料配布を行わないことを除けば、本の具体的な紹介の仕方は発表者の自由である。

　それぞれの発表の後には、視聴だけの参加者も含め、全員でその発表に関するディスカッションを行う。これは参加者間で直接的なコミュニケーションが行われる時間であるため、その場が楽しい場となるよう、参加者各自に配慮が求められる。発表の批判や揚げ足とりではなく、追加説明やこの後の投票のための判断材料をきく時間である。

　そしてすべての発表とディスカッションが終了した後に、「どの本が一番読みたくなったか？」を基準とした投票を行う。投票は参加者全員が一人1票で行い、最多票を集めた本が「チャンプ本」となる。こうしてチャンプ本を決めることでゲーム性が担保されるが、これにはさらに、ビブリオバトルが独りよ

---

[3] 谷口忠大著『ビブリオバトル：本を知り人を知る書評ゲーム』文春新書，2013

表1　ビブリオバトル公式ルール[4]

公式ルール

1．発表参加者が読んで面白いと思った本を持って集まる。
2．順番に1人5分間で本を紹介する。
3．それぞれの発表の後に、参加者全員でその発表に関するディスカッションを2〜3分間行う。
4．すべての発表が終了した後に、「どの本が一番読みたくなったか？」を基準とした投票を参加者全員が1人1票で行い、最多票を集めた本をチャンプ本とする。

公式ルールの詳細

1．発表参加者が読んで面白いと思った本を持って集まる。
　1.1　他人から推薦された本でも構わないが、必ず発表参加者自身が選ぶこと。
　1.2　それぞれの開催でテーマを設定してもよい。
2．順番に1人5分間で本を紹介する。
　2.1　5分間が経過した時点でタイムアップとし、速やかに発表を終了すること。
　2.2　発表参加者はレジュメやプレゼン資料の配布などはせず、できるだけライブ感をもって発表すること。
　2.3　発表参加者は必ず5分間を使い切ること。
3．それぞれの発表の後に、参加者全員でその発表に関するディスカッションを2〜3分間行う。
　3.1　ディスカッションの時間では、発表内容の揚げ足を取ったり、批判的な問いかけをしてはならない。発表内容でわからなかった点の追加説明を求めたり、「どの本を一番読みたくなったか？」の判断に必要な質問を心がけること。
　3.2　参加者全員が、お互いにとって楽しい場となるよう配慮すること。
　3.3　質疑応答が途中の場合などはディスカッションの時間を多少延長しても構わないが、当初の制限時間を大幅に超えないように運営すること。
4．すべての発表が終了した後に、「どの本が一番読みたくなったか？」を基準とした投票を参加者全員が1人1票で行い、最多票を集めた本をチャンプ本とする。
　4.1　発表参加者も投票権を持つ。ただし、自分が紹介した本には投票せず、他の発表参加者の本に投票すること。
　4.2　チャンプ本は参加者全員の投票によって民主的に選ぶ。一部の参加者（司会者、審査員、教員など）に決定権が偏ってはならない。

参加者は発表参加者、視聴参加者よりなる。参加者全員という場合にはこれらすべてを指す。

---

4) ビブリオバトル公式ルール　https://www.bibliobattle.jp/rules（ビブリオバトル普及委員会の依頼に基づき，2022年4月1日からの文言改訂を考慮している．改定後の文言は https://note.com/com_bibliobattle/n/n4b106f175bf4 を参照した．）

がりなトークではなく、聞き手のことを意識したコミュニケーションとして成立する効果も期待されている。「どの本が一番読みたくなったか？」という投票基準も重要である。人に対する評価ではなく、本自体の良さとプレゼンの良さを掛け合わせたものを評価するということである。

ビブリオバトルの実際と創造価値・体験価値

　当日はビブリオバトルについて簡単に解説した後、まずは大人がデモンストレーション的にビブリオバトルを行い、その後に準備の時間をとってから子どもたちのビブリオバトルの時間とした。なお、小学生等へのビブリオバトル導入に際しては、５分ではなく３分という時間設定での「ミニ・ビブリオバトル」とすることが認められている。今回の参加者も小学生であり、ビブリオバトル経験者がいなかったため、子どもたちに関してはミニ・ビブリオバトルとして開催した。

　また今回は、発表準備の補助として、内容を中心としたその本に関する事項、心に残ったことやおすすめの理由など自分の感想や意見に関する事項、そしてその他という３項目からなる準備シートを用意した。これは準備の参考として見てもらうためのものであり、すべての項目を考慮すべきものとして提示したわけではない。あくまで人前での発表経験が少ない子どもたちへの配慮である。

　発表内容として一般的に想定される事柄は、読書感想文と重なる部分も多く、前日の読書感想文講座に参加した子どもたちは比較的スムーズに準備を進めることができた。悩んでいる子には適宜問いかけを行い、自身の読書体験を言語化する手助けをした。

　発表やディスカッション時は、もちろん緊張している様子もあったが、たどたどしくてもその本の面白さや自分が感じたことや伝えようとする姿勢が見られた。事後アンケートによれば、リアルタイムに自分の言葉で他者に語ることの面白さを体感した子も少なくなかったようである。また他者の発表を聞くことで、いろいろな感性やその伝え方があることを学んだ参加者もいた。

　自分の読書体験を表現し、他者に伝える行為それ自体は、創造価値に関連する。だがそのために自分の読書体験を振り返ることで、読書をより深く体験できる面がある。また、互いに発表を聞き合い、ディスカッションを行うことは、

それぞれの読書体験を共に感じる「共感」にあたるといえる。ビブリオバトルを通じて、それぞれに異なる感性があること、翻って、自分の体験が独自のものであることを実感する。これは体験価値の観点に関連する。

　準備の時間に強調したのは、ビブリオバトルで重要なのは自分ではなく、聞き手だということである。自分がうまく発表できるかどうかと考えるのではなく、聞き手に自分の読書体験を伝えようとすること。こうした心構えは緊張を緩和させることにも役立つが、自分にとっての創造価値よりも体験価値を重視することでもあると同時に、他者にとっての体験価値を重視することでもあるといえる。「どの本が一番読みたくなったか？」というチャンプ本の投票基準は、まさにその成否を問うものとなっているといえるだろう。

コラム⑨

本で旅する／本が旅する

　コロナ禍で旅行が制限される中、平塚市中央図書館で「本で旅する」企画が行われた。湘南地域と平塚市、平塚市の友好都市・姉妹都市についての図書を紹介する「ひらつかを旅するコーナー」の企画展示である。期間中、東海大学司書課程受講生がおすすめ本を紹介した冊子『東海大生が選んだ！　本で旅するブックトラベル　平塚を旅する本：湘南・友好都市も』も配布された。東海大学新聞では「コロナ禍でも本で旅をしませんか？」のタイトルで取材記事が紹介された（第1099号・2021年2月1日発行）。

　沖縄県恩納村文化情報センターでは「book tourist」という企画展示を行っており、国内外の特定地域に関する／特定地域が舞台の図書をフェイスアウト（表紙見せ）して棚の全面を使って紹介していた。

　本で心の旅をするのも楽しいが、他方、「本が旅する」という企画もある。えほん未来ラボのドンハマ★氏（濱崎祐一氏）が創始した「旅する絵本♡」は、「買う」のでも「借りる」のでもない、一言メッセージを添付のカードに書き添えて誰かに「渡す」という新しい絵本流通の社会実験である。「まちだ旅する絵本」（東京都町田市）、「みなみのくにの旅する絵本」（宮崎県）などの形で、地域の図書館も巻き込んで広がりつつある。東京都豊島区巣鴨には「旅する絵本♡工房」も誕生し、好きな絵本を選んで"旅支度"（ロゴシール、趣旨説明、感想カード貼付などの装備）をさせ、持ち帰ることができる。旅立たせたい絵本を工房に持ち込むこともできる。そうしているうちに、ある日、別の旅する絵本が誰かから自分のもとに届く

こともある。もはや絵本は子どもだけのものではない。大人が楽しめる総合芸術だ。絵本を芸術作品として味わうだけでなく、それを誰かから受け取る場面には、ユニークな心の交流が想像される。そして次の人に旅立たせる楽しみもふくらんでいく。気に入ったら、自分用にも買えばいい。こうして絵本のストーリーに自分の人生のストーリーが加わって、唯一無二の体験が生まれる。

竹之内禎

コラム⑩

登山は哲学とともに

登山、それは人生のようなもの：フランクルの言葉

> 遊びをせんとや生まれけむ　戯れせんとや生まれけむ
> 遊ぶ子どもの声聞けば　わが身さえこそゆるがるれ

　もしかしたら、人は遊ぶためにこの世に生まれてきたのだろうか。いやそうじゃないはず……子どもたちの遊ぶ声を聞くたび、歓びながら生きるのが人間の意味ではないのか、そんな思いが胸に沸き上がってくる。子どもはつねに新しい価値を創造する存在であるがゆえ、大人たちを悩ませる。『梁塵秘抄』（1180年頃の歌謡集）に採録された歌には、素朴で重大な反語が入り交じっている。

　私は登山愛好家の一人として長く山に戯れてきた。それが昂じて山案内人をしたり、売れもしない本を自費出版したりと家族に迷惑をかけながら生きてきた。まだ娯楽が不道徳とされていた頃に山登りを始めたせいか、役に立たないという自己肯定感の低い後ろめたさを感じてきた。「いまベトナムでは多くの人が死んでいる……なのに君は山へ行くのか」といった風で、おのずと「なぜ山に登るのか」という問いを抱えていたのかもしれない。

　さて登山はスポーツのカテゴリーに入れられがちだが、死を内包するというたった一つの点で一線を画している。私が若い頃登ってきた山は、自分の意志であえて選びとらなければそこへは行けない危険な世界だった。そんな世界へ、仕事を放り投げてまでなぜ出かけて行かねばならないのか。仲間を失った経験もあって、登山はいつしか自分の生と死を虚飾なく問い返す場ともなっていった。

　登山って楽しそうですね、と言われることもある。テレビで登山番組を見る知人

の言葉だ。しかし登山は本来、無観客の一人の行為だ。個の感性で遊ぶ世界だから、わかちあえるものは多くない。美しい風景なら共有できるではないか、という声も聞こえてくる。でも美しい風景があらかじめあるわけではない。その光景に感動する自分がいるだけだから。

　世界で一番初めに登山という遊びを始めたのは、イギリス人である。日本には明治時代、ウォルター・ウェストンという宣教師がやって来て近代登山すなわち登るために登る、という新しい行為を教えてくれた。

　時を経てドイツやオーストリア系の人々が参入すると、登山はやがて哲学的様相を帯びてくる。つねにつきまとう遭難は、登山が生と死の間を行き来する遊戯であることに気付づかせたのである。

　英国の登山家アルフレッド・ママリー（Albert Frederick Mummery 1855〜1895?）。彼は危険に見える登山こそ自分の生涯を意味あらしめる真摯な行為である、と公言した初めての登山家だった。

　ママリーの本『アルプス・コーカサス登攀記』に出会ったときである。原著は2000gに迫る、ずっしりとしたアンカット装本（W195×D43×H273）だった。たかがと思う登山記の本が、タイポグラフィーの審美的様式をもって装丁されていたのに驚いた。見た瞬間、いつか写真で見たグーテンベルクの四十二行聖書が重なった。

　これはとても手に負えないと思っていたが、訳本があった。その訳と原書を読み比べながら、私は自分なりに読み進めていった。そうするうちに、これまで知らなかった登山思想の息吹に触れ、深く魅せられていった。過剰なまでに生涯を山に差し出そうとする登山者魂に、勇気づけられたのである。もしかしたら人にとって客観的に了解しうる価値ある生き方などは、存在しないのではないか……。

　そこには「真の登山者とは彷徨者である。彼こそ、大地がカオスから生まれてこのかた霧と雪崩によって磨かれてきた岩壁に足場を刻む歓びを知っている。行く手の困難を克服することに生命の息吹を感じ取っている人なのだ」と書かれていた。

　The true mountaineer is a wanderer（中略）I mean a man who loves to be where no human being has been before, who delights in gripping rocks that have previously never felt the touch of human fingers, or in hewing his way up ice-filled gullies whose grim shadows have been sacred to the mists and avalanches since "Earth rose out of chaos."

　I am free to confess I myself should still climb, even though there were no scenery to look at, even if the only climbing attainable were the dark and gruesome pot-holes of the Yorkshire dales. On the other hand, I should still wander among the upper snows, lured by the silent mists and the red blaze of the setting sun, even though physical or other infirmity, even though in after æons the sprouting of wings and other angelic appendages, may have sunk all thought of climbing and craftsmanship in the whelming past.

（Chapter XIV. The pleasures and penalties of Mountaineering）

　もちろん私自身、ためらいなく認めよう。目を輝かすような美しい風景など なくたっていい。ヨークシャー渓谷に暗く怪しげな穴ぼこしかなくても、それ でも私は登り続けると告白する。とうとう老いぼれて肉体が言うことをきかな くなり、あるいはいつしか天使のように翼が両肩に生えるとかして、登攀能力 など永久にいらなくなるときが来たとしても、霧の静寂や落日の赤い炎に魅了 されて私は高嶺の雪を追い求め彷徨いつづけるだろう。

　　　　登山における歓びとしっぺ返し『アルプス・コーカサス登攀記』第十四章

　1964年、21歳の私はフランクルの『死と愛』（霜山徳爾訳・みすず書房）に触れ て救われた経験がある。それはママリーを知る20年以上も前のことであった。何気 なく開いたページに次のような言葉を見出し、いま人生から問われている意味を、 登山の喜びで応えてみようと誓った。

　　死は結局すべてを無にするから、すべては結局無意義である、といかに主張さ 　　れたことだろうか。
　　しかしもしわれわれが不死であったならば、われわれは当然あらゆる行為を無 　　限に延期することができる。
　　われわれは生涯の時間を利用しつくし且つ一回的な機会を利用しないでは過ぎ 　　去らしめないように強いられている。

　生きる意味になぜ？　と問うなかれ。人生が差し出す問いに自ら応えよ。そのミ ッションに耳を澄ませ。人生から与えられたものを発見すべく、私は山と戯れ続け るだろう。

深野稔生

第9章

精神次元を体験する旅
消費の観光を超えて

語り手：ローレンツ・ポッゲンドルフ
聞き手：竹之内禎

外面的な価値と内面的な価値

——ご研究されているテーマについて教えてください。

ポッゲンドルフ　私の研究テーマは人の精神と「tourism」（観光）との関わり
です。人々がどのようにして、旅や観光を通して、人生が変わるほどの意味の
ある体験をしているかということ、そして、観光地の側がどのようにあれば、
訪れる人、一人ひとりの心の奥深くに響く体験を提供できるかということです。

　マス・ツーリズム（大衆向けの観光）は、旅の間にできるだけ何かを楽しん
だり、多くの観光地を見に行ったり、写真を撮ったり、ということを目的にし
ています。それはそれで消費の楽しみとしてはよいのですが、私たちの生活は、
すでに多くの娯楽で満ちています。とくに、現代人はインターネット、SNS、
スマートフォン等のメディアを使ってニュースやメッセージ、広告を見たり、
オンラインショッピングしたりすることに使う時間が多く、いつもオンライン
につながっていて、自分自身や他の人々とつながる時間を持たなくなりました。
ほとんど失ってしまったと言ってよいでしょう。このことは現代社会における
大変大きな問題だと思います。

　これに対して私は、旅を通じて、人々が自分自身に対して、また旅する先で
自分を取り巻くものに対して、新たな意味を見出せるようなかたちで出会って
ほしいと考えています。それには二つのアプローチがあります。

　一つは、私たちが旅先で訪れる物理的空間について、その環境の成り立ちに
目を向けることです。その場所の意味や質感、美しさを感じ、その場所と関係

している歴史的な遺産を見て来歴を知り、歴史的遺産がどのように保存、利用、管理されているかを観察することで、その環境を作り、守る人々の努力にも気付くことができます。その場所の持つ意味や歴史的な由来に注目していく中で、地域の人々との交流が起こる可能性もあります。

　従来型の観光は、地域の人々と交わることもなく、バスの中やホテルのロビーで多くの時間を過ごします。しかし、価値に基づく観光（value-based tourism）という観点を採り入れるならば、出かけてもただ写真ばかり撮っているような観光とは違い、地域の人々の暮らしの息吹にも、より多く触れることができます。

　これは外面的な要素についての論点ですが、もう一つは内面的な要素についてです。心の内側で体験する内容も大変重要です。本当の幸せとは、私たちの心全体で感じ取るものだからです。いくら、ホテル、ショッピングモール、庭園、繁華街などの観光スポットへの訪問を完璧に計画したとしても、それが本当に意味に満ちた体験や記憶として残るかどうかは、結局は、私たちがその場所を心の内でどのように体験するかにかかっているのです。ですから、何か外面的な幸福や楽しみを求めるだけでなく、自分自身を深めることに関心がある人たちのために、私たち自身の心を深く掘り下げるような、新たな旅の機会を提供するべきであると思います。

──現在の観光の考え方は、外面的な要因が主になっているのでしょうか。

ポッゲンドルフ　そのように思います。現在の観光の考え方は、短時間ではあっても旅の中で人を幸せにしようとすることが基本的な考え方で、快適さを提供するアメニティや、お金をかけられる人にはできるだけ豪華なサービスを提供することを考えています。とくに日本ではこの意味での観光が高度に発達していて、サービスのスキルも高く、幅も広くなっています。おもてなし文化ですね。もちろんそれも、良い時間を過ごせるようにということで、ある意味では人を幸せにしようとする方法なのですが、こうしたものは、すべて外側の要因に目を向けています。私たちの社会がそのように認知し、方向付けているからです。これは一種の現代文化だと思いますけれども、今、少しずつ人々の間に変化が起こってきてもいます。というのは、人々が外部の状況に依存するだけの幸福ではなく、自分自身の内面の幸福ということにも、以前より多く目を向けて、求め始めています。これは、とくに西洋においては、ある種の新しい

宗教や、瞑想やヨガ、気功などの実践を通じて内面的な自覚を得ようとするニューエイジ文化の潮流とも関係していると思います。

　しかし、これもまた単純ではなくて、これらの多くはストレスを感じたら瞑想やストレッチをしてリラックスしなさいとか、ヨガ教室に通えばすべてがうまくいくなど、単純化されすぎた迷信を提供するものも多いので、いろいろと試行錯誤して、その中から、自分自身の内面を深く掘り下げるために本当に意味があるものを自分で判断しなければなりません。

　私たちは、外面的には物理的な身体を持った存在ですが、その内側には、より高次なるパワーの煌めき（spark of the higher power）である魂、精神があります。この精神がなければ、身体は死んでしまいます。なぜなら、身体がもはや、精神の乗り物としての価値を持たなくなるからです。身体は、この地球上の生活にとって価値あるもので、生きていくために必要なものです。しかし、私たちにとって本当に大切な核心部分は、物理的な身体ではありません。現在の観光は、物質的なアメニティ、心理的、感情的な楽しみや喜び、つまり身体次元、心理次元の満足を主軸にして追求していますが、ヴィクトール・フランクルが言うところの精神次元という観点が欠けています。この面での満足については、ほとんどの場合、考えられていないと思います。

フランクル思想から見た観光

——フランクルの思想と観光とは、どのように関係するでしょうか？

ポッゲンドルフ　フランクルの著作から、直接、観光についての考えを読み取れるものはないと思うのですが、観光も人間の活動の一部であり、社会的な価値を持つものなので、フランクルの基本的な思想に照らして考えることはできます。観光は主に、「体験価値」に関係するものだと思います。私たちは旅をする間、忙しい日常生活では体験できない新しい何かを体験します。その体験とは身体次元、心理次元、そして精神次元のすべてに関わってくるものです。最上の体験は、本当に心に触れるような体験で、自分自身が変化し、旅が終わって帰ってきても心に深く残るような体験です。消費中心の観光では、楽しかった思い出は残ったとしても、数日か数週間かすれば日常生活のパターンに戻って、以前と同じストレスや問題を抱えてしまいます。

私が精神的な意義を持つ観光（spiritual tourism）に期待するのは、それによって人が何か内面的な変化を体験して、人生に新たなアプローチができるようなパワーを持つということです。この点で、フランクルの教えは、人生の中で、何が本当に私たちにとって価値があるのかを示唆してくれるので、これまでとは違う生き方の選択肢を選ぶためにも役に立つと思います。

旅の体験と精神的な意味

——たとえば、どのような旅の体験が、精神的な意味を持つのでしょうか？
ポッゲンドルフ　とてもいい、難しい質問ですね。個々人の関心、感じ方、背景は一人ひとり大きく違うので、誰にでも通用する正しい答えというものはないと思いますけれども、二つの方法が考えられます。
　第一の方法として、ごく狭い意味に限定して言えば、精神的な意味が感じられる場所とは、聖地と呼ばれるような宗教的な場所、たとえば教会、修道院、寺院、神社、アシュラム（ヒンドゥー教の僧院）、モスクなどの宗教的な聖地で、観光のために人工的に作られたものではなく、そこに地域の文化に根差した歴史があり、精神的な修行を実践する人たちがあり、高次の精神的な力、その名称は何でも良いのですが、何か神聖なる存在に対して、人々の人生の一部としての本当の信仰がある場所を訪れることだと思います。
　近年のキリスト教の修道院は、クリスチャン以外の人々にも開かれており、聖書を知らない人でも、昼食前後の祈りに加わったり、教会の儀式に同席して、いちいちの儀式に従わずにただ座って話を聞いたりすることを許しています。そのような機会を通じて、人は自分自身を深めるための意味を感じ取ることができるかもしれません。こうした事例は他の宗教でもあります。
　また、感じたものをさらに深く掘り下げたい人のために、内観や瞑想実践の場を提供するところもあります。そうした方法を学ぶことで、人々は、学んだことや、発見したことを持ち帰ることができます。教会や修道院や寺院の中には、リアルで学んだものを事後にさらに深める実践を継続していく学びの場を、オンライン上で提供しているところもあります。旅を終えた人々は、忙しい日常生活、ビジネス生活に戻っていきますが、現代の若い人たちはスマホなどの電子機器でインターネットにつながっている時間が長いので、それを意味ある

かたちで活用できるようにしているのです。

　精神的な意味を体験する旅の第二の方法は、もっと広いものです。ハートの奥に触れるような体験であれば、宗教に関わっている必要はまったくなく、陶芸教室でも、料理教室でも、自然歩きでも何でも良いのです。実践的なもので、できれば地域の人々と一緒に実践できる何かを体験することです。オープンな心、つまり、新しく出会ったものの良し悪しをすぐに判断してシャットアウトしない寛容性を持ち、触覚、嗅覚、視覚、聴覚などの身体感覚を使いながら行えることを、そこに住む人々と一緒にやってみることです。

　何かを一緒に行うことによって、土地の人との交流が生まれますし、その中には精神的な体験と言えるものが含まれていると思います。その一つは自分が外部からの訪問者（stranger）だという気付きで、こうした体験は人生において忘れられない記憶になります。たとえば、外国人には言語の壁がありますが、一緒に何かをすることによって、言語や文化を超える「橋」を架けることができます。

　ただし、これが精神的（spiritual）な体験でこれは違う、といった明確な境界線は引けません。同じ体験、たとえば陶芸や料理の体験を通じてでも、人によって精神的な体験だと感じる人もいれば、単純に視覚や味覚などの身体的な楽しみだと思う人もいます。

　たとえば、ドイツの家庭を訪問してじゃがいもやソーセージの料理を一緒に作るような場合を考えてみましょう。ある人は、その家に入ったときに目に入るものを新鮮に感じたり、招いてくれたドイツ人の人柄に触れ、ドイツ人というのは厳格なだけでなく、温かい心も持っているんだな、と感じたりしながらドイツの家庭料理を味わうかもしれません。その人にとっては、それは特別な体験価値になると思います。しかし、単に料理を楽しもうとするだけの人なら、そこまでは思わないかもしれません。参加者がどれだけ強く関心をもってそこに関わるかにもよります。ですから、宗教的な聖地に限らず、どのような場所に旅をしても、そこで何をするにしても、精神的な意味を見出せる可能性はあります。

──そのような体験をするには、日常から離れることが必要ですか？

ポッゲンドルフ　必ずしも日常から離れていなくてもよいとは思います。日常のシーンから体験価値を見出すこともあるでしょう。休日の旅行だけでなく、

日常の中でもそうした体験価値を見出していけることはもちろん素晴らしいことです。ただ、日常の必要に忙しく追われすぎていると、なかなか心がオープンにならないので、日常から離れてフリーな時間がある状態のほうが、義務やプレッシャーなどからも離れられるので、体験価値を得やすいと思います。

——旅の体験を「体験価値」に高める要素は何だと思いますか。

ポッゲンドルフ　一つは、すでに述べたように、消費するだけでなく、それにプラスして、何らかの活動や実践に参加することだと思います。消費が中心の観光は、何かを買ったり、レストランで食事をしたり、旅行ガイドに案内されて観光名所を回ったり、ホテルのアメニティを楽しんだりすることですが、これは受動的で古典的な観光です。

　私が考える新しい観光、精神的な意味を体験する旅には、消費プラスアルファが必要です。プラスアルファで必要なのは、たとえば、何か新しいこと、興味のあることに参加することだと考えています。何かの活動、実践に加わることです。

　料理を例にとれば、レストランでお金を払って料理を楽しむのはもちろんよいことで、私もそれを楽しみます。しかし、ただ座って他の人に料理を作ってもらうだけではなくて、自分も料理を作る場に参加し、土地の人と一緒に作る手伝いをすることは、まったく違う体験になります。外国人の場合は通訳をしてくれる人が必要かもしれませんが、どんなふうに料理が作られるのか、どんなスキルが必要なのかを学びます。このようなコミュニケーションを取っていく中で、私たちは料理ができあがるプロセスの一部になり、より多くの価値を体験できます。料理はほんの一例ですけれども。

——従来型な消費中心の観光がレストランに行くことで、料理を一緒に作る体験が精神的な意味を体験する観光という喩えはわかりやすいですね。料理教室なら住んでいる近くの場所でも開催していると思いますが、遠方に出かけて行って体験するのとはどう違いますか？

ポッゲンドルフ　東京に住んでいて、東京の料理教室に通うのと、東京から沖縄、北海道、京都などに行ってそのような料理体験教室に参加する場合では、料理の素材やレシピがおそらく異なります。東京では容易に手に入らない地域の食材を使うこともあるでしょう。外国に出かけて、たとえばイタリアでイタリア料理をイタリアの家庭でいただく、という場合は、日本で食べるパスタや

ピッツァのイメージとはかなり異なってくると思います。より遠くに行けば行くほど、料理一つとっても、まったく違うものになるでしょうし、外国に行くとなれば、文化も大きく異なります。外国の人との出会いや一緒に何かをするプロセスはそれ自体、異文化交流の体験になります。ガイドや通訳の方が同伴するとしても、近所で料理作りを体験するだけ、というのとは異なるチャレンジ、冒険になります。ただ、料理を通じて特別な体験を得るということだけを考えるならば、遠くへ出かける必要はないかもしれません。

――実際に、出かけた先で一緒に料理をするような観光の例はありますか？

ポッゲンドルフ　本格的な研究は行っていないのですが、広告は目にしたことがあります。東京で、日本人の主婦が自宅を開放して、午後の半日間の料理教室を予約して申し込むと、一緒に料理ができる、というものでした。

――外国の方も参加できるのですか？

ポッゲンドルフ　日本語と英語で書いてあったので、そうだと思います。「Enjoy cooking with a Japanese housewife（日本人の主婦と料理づくりを楽しみましょう）」とか、そのようなことが書いてあったと思います。興味深いですね。

　日本料理を楽しむために日本料理のお店に行くことはもちろんよいことなのですが、他方で、外国人にとっては、日本人のお宅を訪問するというだけでも「旅」というか、結構な冒険であるわけです。招かれる機会自体が少ないし、日本ではまず靴を脱いで家に上がらなければいけない。今は日本の家にも洋室が多いですけれども、たとえば、畳の上に座る。障子に囲まれた部屋の雰囲気。それらがすでに新たな体験です。そして、日本人の主婦、日本人の家族と料理を作る。日本人の暮らしの雰囲気を感じる。そして料理そのものも味わう。それらすべてが、レストランに行く以上の経験になります。

精神的な意味を強く感じた旅の体験

――ご自身が、精神的な深い意味を感じたような旅の体験はありますか？

ポッゲンドルフ　若い頃、クラスメイトとノルウェー、スウェーデンへの旅に出かけ、バックパッカーをして、フィヨルドのあたりの山歩きをしました。あまり多くのものを消費せず、自然の広大な風景、新鮮な空気を体験するという

シンプルな旅でした。食事などの必要なものの用意、テントを張る場所など、自分で自分をケアする方法を考える必要がありました。このアウトドア体験を楽しむ中で、自分は自然と共にある、と感じることができました。そのとき、本物のオオワシが２羽、頭上を飛んで行くのを実際に見ました。ドイツでは鳶はよく見られますし、動物園では見たことがありましたが、自然の中で実際に空を飛ぶオオワシを見たのは初めてで、今でも深く印象に残っています。私にとっては精神的な体験（spiritual experience）と言えるものでした。

　もう一つは伝統的なプロテスタント系の学院（アカデミー）が主催したヨガコースに参加したことです。私は十代で、まだ15歳くらいだったと思います。ヨガはインド由来のものなので、伝統的なキリスト教会がセミナーハウスでそれを主催するというのはとても珍しいことでした。

　ヨガというのは東洋的な心身の運動（body-mind practice）方法ですけれども、それは、スポーツやストレッチング、体操以上のものだと知りました。ヨガは、私たちの内にあるパワー、インドでは〈プラーナ〉（生命エネルギー）、中国では〈気〉と呼ばれるものにつながっていくもので、ヨガの実践で、内面のパワーの流れが良くなります。私自身、実践を通して、内なるパワーの流れやバランスが良くなったと感じました。後に、私はヨガから気功のほうに関心が移って今でも実践しているのですが、その原点になる体験だったと思います。

　これは、いわゆる旅行とか観光とかいうものではなかったのですが、わざわざ出かけて行って参加したものの中では、とても強く印象に残っています。
――ご自宅から遠くではなかったのですか。
ポッゲンドルフ　自宅から40〜50キロ離れたところで、車だと40分か50分くらいのところです。それほど遠くはなかったのですが、まだ十代の頃だったので、５日間ほどゲストハウスで過ごすというだけでも、日常から離れる体験でした。アカデミーのセミナーハウスがあった場所には大きな庭園と湖があって、休日には自然の中を散歩できるようなところです。

情報メディアを通じた疑似旅行体験の限界

――コロナ禍のために、映像などのヴァーチャルトリップの取り組みも流行していると思いますが、それだと非常に限られた体験になると思います。リアル

な旅の意味や効果についてどうお考えでしょうか。

ポッゲンドルフ　対面での活動が制限されているなか、活動が破綻しないように色々と工夫をしていて、料理にしても、レシピを見て家で作れるとか、美術館の作品も家のコンピュータの画面で見られるという感じにどんどんなっています。それはそれで素晴らしいことだと思いますが、身体の感覚や心の感覚を用いて何かを直接に感じ取ること、五感を使う、あるいは第六感も使う、という把握の仕方は、ソーシャルメディアの技術では完全に代替できないものです。

　たとえば、自然の美を体験し、心に深く印象づけられたならば、旅から帰った後も、家の近くの自然に目が行くようになるでしょう。教科書やメディアの知識だけだと、そこまでにはならないと思います。

　自然だけでなく、文化的な体験もそうです。地域の人々の様子、一つひとつの行動、言葉などが、まったく新しい体験になります。たとえば、西洋の人たちは日本人よりずっとストレートに感情を表現します。優しさもストレートに表現します。そうしたコミュニケーションが気持ちをリフレッシュさせることもあります。

　そうした新しい価値の体験は、座学やオンラインの情報からでは得られない、人と人とが実際に出会うことで得られるものです。この点が、オンラインでの疑似旅行との大きな違いだと思います。

どこに目を向け、何を感じるか

――もともとは森林、造園の景観計画がご専門でしたね。一緒に出かけるときに見かけた植物の名前や特徴などをいろいろと教えてくださいますが、外で出会う風景、自然のどのようなところに目を向けて、どんなことを感じていますか。

ポッゲンドルフ　自然は大変豊かで、すべての花の違う色、木の葉の色の違い、形、香りなどのバラエティがあります。人工的に作られた観光用の庭園とは違い、本物の自然には、私たちがその一部であることを感じさせる大きな生命のパワーがあります。森林や山を歩くときは、新鮮な空気を感じて、森を吹き抜ける風の音を聴きます。海辺を歩いて波の音を聴くとき、私は自分が大いなるものの一部であると感じます。

　街の中の公園や庭園では、庭木の松やその他の樹木に注目しています。自然

の森よりも小さなものではありますが、そこから自然へのつながりや平和的な感覚を得ることができます。日本の庭園文化では、限られた空間で樹木を非常に効果的に調和するかたちで配置しています。盆栽も魅力的です。日本の庭園文化は、自然の樹木と人間の精神、文化、空間デザインの洗練されたコラボレーションが実現している好例だと思います。実に美しいものです。

――大変参考になります。ひょっとしたら外国でもそうなのかもしれませんが、日本では、お土産を買うとか、観光スポットを訪問するといった消費型の観光を志向する度合いが強く、旅を通じて精神的な意味を体験する、という方法をよく知らないように思います。私たちが消費型の観光から方向転換するにはどうしたらいいでしょうか。

ポッゲンドルフ　生活の中で私たちは心身の力を〈今〉〈ここ〉のことだけに集中することはなかなかできません。つねに次のこと、その次のことを考えて生きなくてはならないのが現代のライフスタイルです。これは現代人の弱点でもあると思います。そのような構えのままであれば、どこに出かけたとしても同じように反応するでしょうから、急に新しい意味を体験することはできません。ですから、私たちが家から外に出かけて出会うすべてのものを、感覚を総動員して感じ取ろうとすることが、すべてのスタートです。

　たとえば、数名の学生と一緒に神社に行ったことがあるのですが、神社の木を見ましたか？　と聞くと、いいえ、と言う。でも、神社の木をよく注意して見ていると、鳥が来るのが見られたり、その声を聴けたりして、新しい経験ができるんです。ただおしゃべりをして通り過ぎたり、スマートフォンで写真を撮ったり、次に行くアイスクリームのお店のことを考えていたりするだけだと――もちろんそれらも楽しみを生むものではありますが――場所の感覚（sense of the place）、そして〈今〉という時間が持つ意味を、しっかりと感じることができません。その瞬間を壊してしまう人は、場所の持つ美しさやパワーを十分に体験することができません。

――学校では主に知的訓練をします。修学旅行などの機会はあっても、生徒は、どうしたら精神的な体験を得ることができるかを教えてはもらえません。体験価値を感じる能力を高めるための手引き、精神的な意味を体験するための旅の手引きがぜひほしいと思っています。

ポッゲンドルフ　場所の意味やクオリティを体験する機会を示唆するガイドと

なる人が必要だろうと思います。立ち止まって、その場所で何を感じられるか、五感をもっと使うとどんなことがキャッチできるのかを教えてくれる人です。

　ドイツの建築学者ルツィウス・ブルクハルト（Lucius Burckhardt, 1925～2003）が散歩の研究（Spaziergangswissenschaft）を創始しました。彼は学生と街を歩いていろいろなものを注意深く感じ取らせ、観察させました。学生たちは教室でプレゼンテーションを見るよりも多くのことを学ぶことができました。私の研究もこの考えに近く、また「体験価値」にも通じるものだと思います。

──繰り返しになりますが、旅を通じて精神的な意味を体験し、体験価値に高めていく方法についての研究を進めていただけると、多くの人が利益を受けると思います。

ポッゲンドルフ　私の研究の背景は、自然環境に配慮した景観計画と造園でしたので、最初は自然保護を重視したエコツーリズムに関心を持ちました。その関心自体は継続しているのですが、次のステップとして、外側の世界の何かを守るということだけではなく、体験を構成する心の内側の要因をいかに発達させるか、という要素を加えて、今は考えています。

　体験を深めるには、やはり、教科書から学べるものだけでなく、実践をするということだと思います。散歩の研究であれば、外に出かけることが必要です。出会ったものから何かを感じ取り、観察した後に、参加者同士で意見の交換をします。感じ方の問題ですので、明確な理由が示せなかったり、他の人の感じ方に同意したりしなかったりということもありますが、そこにはまず、感覚でとらえるという実践があり、それに関するコミュニケーションがあります。

──以前から提案している件ですが、一緒に「図書館をめぐる旅」（library tourism）の研究をしてみたいなと思います。学生と見学ツアーをして、建物の印象や発見だけでなく、図書館で出会った本の一文を記録して事後にシェアするような実践を加えることで、体験も深まりそうです。

ポッゲンドルフ　面白そうですね。一回目は漠然とした印象で終わってしまうことも多いので、よく観察するためには二回行くといい、とも言います。図書館も、初めて行くところだと、資料がどう配置されているかなどを理解するのがやっとだと思うので、二回目に訪問すると、それ以外の場所の持つ意味などが見つけやすくなるのではないでしょうか。

（2022年1月）

"Enjoy each moment!"

　2015年6月、ヴィクトール・フランクル博士の妻、エリー・フランクル夫人を訪問する幸運を得た。夫人はフランクル博士のほとんどの著書の口述筆記をお手伝いされていて、「この机で向かい合ってやっていたのよ。私がわからない表現を彼が使ったら、タイプライターで打つのをやめて、それじゃだめ！　私にわかるように話して！　と言っていたのよ」と教えてくださった。フランクル博士の著作が多くの人のために読みやすく書かれているとしたら、その最大の功労者はエリー・フランクル夫人である。

　フランクル夫妻は笑いを大事にされていたという。私が持参した『フランクル回想録』の写真を見ながら、「（フランクル博士と並んで）ハイデガーさんが笑っているのは、私が撮影しているからよ」とおっしゃっていた。

　エリー夫人が別れ際に繰り返し投げかけてくださった言葉が、"Enjoy each moment!"（どんな瞬間もお楽しみなさい！）である。これは単なる享楽主義とは程遠い境地と解すべきである。「人生を味わいなさい。人生は、いつでもどこかに意味を潜ませているから、見逃しちゃだめよ！　辛いときでも、ユーモアを使って、人生の宝探しをしなさい」と、言われたような気がする。この言葉は私にとって体験価値を考えるキーワードとなっている。

竹之内禎

第 IV 部

苦悩の中の意味

収容所で、多くの人はもう自分の価値を実現する機会は
失われてしまったと思っていた。しかし実際には、収容
所こそが、彼らが本当の価値を実現する場だったのだ。

——Viktor E. Frankl, "...trotzdem Ja zum Leben sagen: Ein Psychologe
　erlebt das Konzentlationslager", Kösel-Verlag, 1946=2002, S.118
　（訳：竹之内禎）

だれもその人の身代りになって苦しみをとことん苦しむ
ことはできない。この運命を引き当てたその人自身がこ
の苦しみを引きうけることに、ふたつとないなにかをな
しとげるたった一度の可能性はあるのだ。

——ヴィクトール・E・フランクル著，池田香代子訳『夜と霧　新版』
　p.131

第10章
ネット・ゲーム依存は子どもの SOS

智田文徳

増え続ける子どもの自殺と不登校

　過去20年で、若年者の自殺者数は徐々に増えている。警視庁「令和２年中における自殺の状況」によると、2020年の小中高校生の自殺者総数は2019年から100人（25％）増えている。

　一方、文部科学省「令和２年度児童生徒の問題行動・不登校生徒指導上の諸課題に関する調査結果の概要」（2021年10月13日付け）によると、小・中学校における不登校児童生徒数は約20万人（19万6127人）で、前年度から8.2％増加、在籍児童生徒に占める不登校児童生徒の割合は2.0％（前年度1.9％）で、８年連続で増加している。同報告書の中で、国は「調査結果からは、新型コロナウイルス感染症によって学校や家庭における生活や環境が大きく変化し、子どもたちの行動等にも大きな影響を与えていることがうかがえる」「人と人との距離が広がる中、不安や悩みを相談できない子どもたちがいる可能性があること、子どもたちの不安や悩みが従来とは異なる形で現れたり、一人で抱え込んだりする可能性があることにも考慮する必要があり、引き続き周囲の大人が子どもたちの SOS を受け止め、組織的対応を行い、外部の関係機関等につなげて対処していくことが重要」と、私たち大人に対し、現実から目を背けることなく、新たな一歩を踏み出すことを求めている。そもそも、どうしてこれほど多くの子どもが学校の中に居場所を失い、果ては自殺に追い込まれなければならないのだろうか。

ゲーム障害（依存）で受診する子どもたち

　筆者が勤めている未来の風せいわ病院は、盛岡市にある精神科病院（病床数321床、2022年1月現在）である。子ども専門の病院ではないが、ここ数年でさまざまな困り感を訴えて（多くは保護者に連れられて）受診する子どもが増えている。2020年度の新規外来患者に占める未成年者の割合は、男性で54％（全受診者218人中117人）、女性で43％（同325人中140人）にまで至っている。その中でもオンラインゲームに関係した保護者、学校、行政機関等からの相談が増加している。2016年度と2020年度の院内データを比較すると、ゲーム障害の割合は未成年新規外来患者のうち全体の20％から27％、救急急性期病棟に入院した未成年の患者では、24％から38％まで増加している。2016年度には中学生が外来患者の48.7％、入院患者の66.7％を占めていたが、近年は小学生、高校生の患者も増加しており、対応が急務となっている。

ゲーム障害（依存）とは？

　オンラインゲームに依存し、家族に連れられて受診する子どもの一例を示す（図1）。
　特定の物質や行動、関係性に心を奪われ生活に支障をきたしている状態を「依存」と呼ぶ。依存症はコントロール障害とも言われ、日常生活よりもお酒を飲むこと（物質の使用）やギャンブル、ゲームをすること（行動）が優先されるようになる。その結果、健康や家族との関係、学業、経済面等、個人、家庭、社会において大きな支障が生じていく。
　2019年5月、世界保健機関（WHO）による国際疾病分類の第11回改訂版（ICD-11）に「ゲーム障害」が追記された（Stevens et al., 2019）。以下の表1に示す1a〜c、2、3のすべてを満たす場合に「ゲーム障害」と診断される（三原聡子（2020）：新たな診断カテゴリーとしてのゲーム障害．児童青年精神医学とその近接領域，61, 248-252）。

ゲームと動画で昼夜逆転・不登校になった男子中学生のAさん

- 小学校時代は競技で活躍していたAさん。ゲームは好きでしたが、遊びとして適度に遊んでいました
- 中学で運動部に入りましたが、成績も出せないまま人間関係にも悩み部活を休みがちになり、ゲームで遊ぶ時間が増えていきました
- Aさんはオンラインゲームにはまり、ネットで知り合ったチームメートと一晩中遊ぶようになりました
- 夜更かしが続き、朝すっきり起きられず学校を休むことが増えました。生活は昼夜逆転となりました
- 家族はAさんを心配し、夜はWi-Fiを切ろうと提案しました。しかしAさんは家族に反発して暴言を吐きゲームを止めようとしませんでした

図1　ゲーム障害の典型的な事例（架空）

表1　ゲーム障害と診断される要件

1．持続的または再発性のゲーム行動パターン（オンラインまたはオフライン）で、以下のすべての特徴を示す。
  a．ゲームのコントロール障害がある（たとえば、開始、頻度、熱中度、期間、終了、プレイ環境などにおいて）。
  b．ほかの日常生活の関心事や日々の活動よりゲームが先にくるほどに、ゲームをますます優先する。
  c．問題が起きているのにかかわらず、ゲームを継続またはさらにエスカレートさせる（問題とは、たとえば、反復する対人関係問題、仕事または学業上の問題、健康問題）。
2．ゲーム行動パターンは、持続的または挿話的かつ反復的で、ある一定期間続く（たとえば、12か月）
3．ゲーム行動パターンは、明らかな苦痛や個人、家族、社会、教育、職業や他の重要な部分において著しい障害を引き起こしている。

アルコールなど物質依存と同様にギャンブルやゲームなど行動の依存も脳機能低下をきたすことが明らかとなっている。依存症になると、「自分は依存ではない」（否認）、「昨日はたまたまやりすぎただけだ」（正当化・合理化）、「やめたくてもやめられない」（両価性）といった3つの要素を示すようになる。

オンラインゲームはなぜ依存しやすいのか？

　「皆さんがゲームの開発者だったら、どんなゲームを作りますか？」
　「どんなゲームだと皆さんと同じ小学生（中学生）が夢中になるでしょう？」
　私が小中学校で行う講演では、その場で5〜6人のグループを作り、このような質問をして話し合ってもらっている（図2）。
　どうしてこんなことを考えさせるのか。いくつかのグループに発表してもらった後に、種明かしをする（図3）。ゲーム会社は営利企業であるから、お金を儲けるためにゲームをたくさん売らなければいけない（ダウンロード数や課金を増やす）。そのためにさまざまな工夫を重ね、ユーザーが夢中になるようなゲームを開発している。今の主流はスマホやタブレット、携帯型のゲーム機で遊ぶオンラインゲームである。これらの機器はつねにインターネットに接続されていることから、ゲーム会社はリアルタイムで機能を追加させることができる。オンラインゲームは、チームプレイによる役割分担、さまざまなスリルの体験、課金を通した強さや自分らしさの追求、動画配信やソーシャル・ネットワーキング・サービス（SNS）との連携など、巧みなマーケティング戦略により私たちが「のめりこむように仕組まれたもの」で、プレイヤーはつねに煽られ続ける。

脳科学から見た子どもの抱える依存のリスク

　脳が成熟し、判断能力が備わった大人がオンラインゲームで遊ぶ分にはあまり大きな問題はないのかも知れない（ただ、大人でも課金による多重債務などの問題が見られるようになっている）。しかし、成長途中の子どもの脳には大きなリスクが伴う。
　私たちの脳（心）では、本能（大脳辺縁系）と理性（前頭前野）を司る場所が分かれており、つねにバランスを取りながら生活をしている（図4）。体の成長と同様に、脳も部位によってその発達時期が異なっている。
　いわゆる思春期には大脳辺縁系が一気に活性化するため、前頭前野より大脳辺縁系の働きが相対的に強くなる。そのため、思春期には感情が不安定で衝動

図2　グループワークのための質問

図3　ゲーム開発者の意図

図4　理性と本能

的になり易く、より本能的に行動しやすくなる。

　一方、大脳辺縁系に比べて、前頭前野の成長は遅く、その機能が完成するのは25〜30歳頃といわれている。つまり、子どもたちは自分をコントロールする力は大人に比べて弱く、依存性の高いものに触れることが非常に危険であることがわかる。だから、私たちは依存性の高いタバコやアルコール、パチンコなどを法律によって子どもから遠ざけてきた（自動車の運転も同様と考えてよいだろう）。

　ところが、パチンコと同等、あるいはそれ以上の依存性があることが知られているオンラインゲームから子どもを守る法律はいまだに作られていない[1]。国に頼ることができない以上、私たち自身が周囲と協力しながら身近な子どもを依存から守らなければいけない（最近の研究から、ネット・ゲーム依存の影響で前頭前野の機能が低下することが明らかになっている）。

---

[1] なお、香川県が全国に先駆けて独自の条例を設けていることは注目に値する。
　NHK解説アーカイブス「条例でできる？ゲーム依存対策」（くらし☆解説）2020年4月2日（木）　https://www.nhk.or.jp/kaisetsu-blog/700/426693.html
　香川県ネット・ゲーム依存症対策条例（令和2年4月1日施行）
　https://www.pref.kagawa.lg.jp/documents/10293/0324gj24.pdf

どうして一部の人だけが依存になるのか？

　お酒が好きな人はたくさんいるのに、どうして全員がアル中（アルコール依存症）にならないのだろうか？　このようなことを疑問に思った科学者が、「ネズミの楽園（ラットパーク）」という有名な実験を行った（松本俊彦、小原圭司監訳（2019）『本当の依存症の話をしよう』星和書店）。

　この実験では、まずラットを二つの群に分けた。一方は、普通の実験用ケージに１匹ずつ入れた群、もう一方は、普通のゲージの200倍の広さで十分な食料と遊び場とつがいのための場所などが用意した場所に雌雄のラットを16〜20匹入れた群である（こちらがラットパーク）。両群ともに普通の水と、非常に依存性の高いモルヒネ入りの水を用意し、どちらがより多くのモルヒネを接種するかを調べた（モルヒネを混ぜた水は苦いため、徐々に砂糖を混ぜて甘くしていった）。

　実験の結果、実験用ケージのラットは砂糖が少なくてもモルヒネ入りの水を好んで飲むようになったが、ラットパークのラットはどんなに砂糖を入れてもモルヒネ入りの水を嫌がった。さらに、ケージではモルヒネに依存性を示すようになり中毒の状態になったラットも、ラットパークに移されるとけいれんなどの軽い離脱症状を見せながらも、普通の水を飲むようになった。

　この実験からわかることは、孤独で自由を制限された状況にいる人のほうが、仲間に囲まれ、自由がきく状況にいる人よりも依存症になりやすいということである。つまり、しんどい状況、孤独な状況にある人ほど依存症になりやすいのだ。

依存の本質は苦痛の緩和：自己治療仮説

　以前は、依存対象の物質の摂取やゲーム、ギャンブルをすることで快感が引き起こされ、その快感に行動が強化されて、その行動を何度も繰り返していく（依存）と考えられていた（実験心理学における「正の強化」）。しかし、ラットパークの実験から明らかなように、依存とは、ある行動をすることで苦痛が一時的に消失することを体験し、それに強化されて、ある行動を繰り返すよう

になる（実験心理学における「負の強化」）ことなのだ。つまり、依存症の本質は、脳内報酬系を介した快感の追求ではなく、苦痛の緩和にあると考えられる（これを「自己治療仮説」という）。

　ネット依存者の27.4％が自殺を考えたことがあり、9.5％が計画を立てたことがあり、2.6％が自殺企図をしたことがあるという調査がある。直接の因果関係までは解明されていないものの、ネット依存の背景には、自殺を考えるほどの苦悩が存在する可能性も十分に考えられる（Association between adolescent internet addiction and suicidal behaviors. Yang et al., 2010）。

　子どもがゲームやインターネットに耽溺するのは、単に楽しいからではなく、苦痛の緩和という要素が背景にあるという可能性を見逃してはならない。つまり、さまざまな生きづらさを抱え、リアルワールドの中で居場所を失った子どもの逃げ場の一つとして、インターネット（SNS）やオンラインゲームがあるのだ。

どうすればゲーム障害にならないか？

　すべての小中学生にタブレット等が支給されるなど、現代社会ではネットやオンラインゲームとの共存の道を探っていく必要がある。講演では、普段の生活がネット・ゲームばかりになっていないかを確認（図5）している。その上で、ネット・ゲーム以外にもさまざまな楽しみがあることを発見あるいは再確認してもらうため、再び5～6人のグループで話し合ってもらう（図6）。

ひとりぼっちの人は病気（依存）になりやすい

　子どもが悩んだり苦しんだりしたとき、一番の相談相手は身近な子どもである。だからこそ、講演では全員が身近な人の悩みに気付き、寄り添い、支えるスクールカウンセラーになれることを、と伝えている（支え手となることは、子どもの自己効力感を高めることにもつながる）。同時に、自分が苦しくなったとき、周囲に相談したり助けを求めることは決して恥ずかしいことではなく、また、そのことによってストレスと緊張を和らげることができると伝えている（図7）。

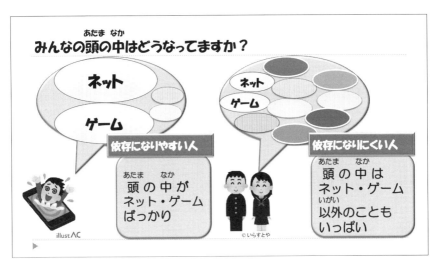

図5　依存になりやすい人、なりにくい人

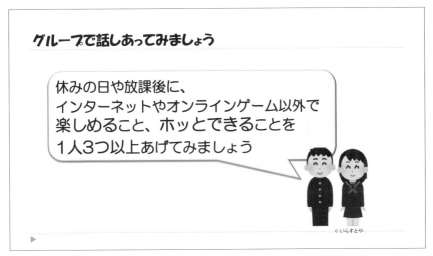

図6　ネット・ゲーム以外で楽しめること、ホッとできること

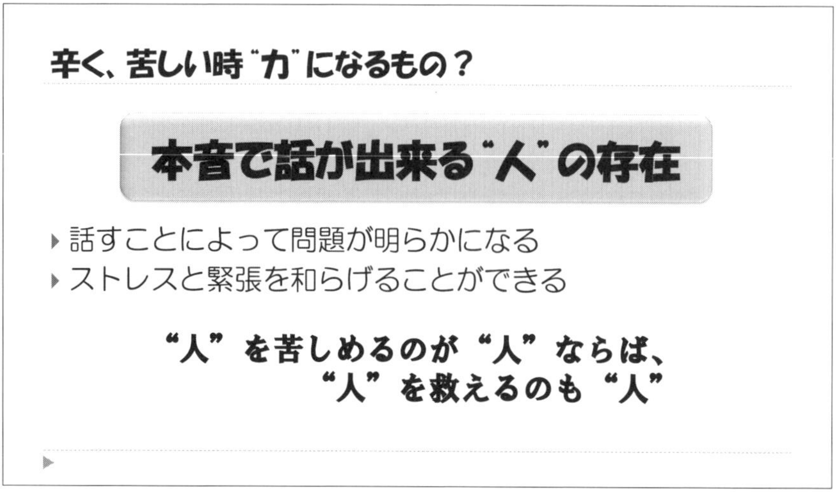

図7　苦しいときには話すこと、話せる人が必要

Addictiton から Connection へ

　2006年に施行された自殺対策基本法では、「誰も自殺に追い込まれることのない社会の実現」を目指してきた。10年以上の取り組みにより、中高年男性の自殺者を大幅に減らすことができたが、一方で子どもの自殺が増えているのが実態だ。子どもは現代社会のカナリアである。生きづらさを抱えリアルの世界に居場所を失った結果、不登校、ゲーム障害（依存）、さらには自殺へと追い込まれている彼らを通して、私たちは現実と向き合わなければならない。

　Addictiton（依存症、嗜癖）の対義語は Connection（つながり）といわれている。自殺も依存症も、その対策の第一歩は他者とのつながりを取り戻すことから始まる。リアルな世界に子どもの居場所をどうつくるか？　それぞれの立場で考えていただきたい。

　結びに、アメリカの薬物乱用防止のテキストで紹介されているネイティブアメリカンの教えを紹介しよう（図8）。

ネイティブアメリカンの教え　　　アメリカの薬物乱用防止のテキストから

子どもたちはこうして生きかたを学びます。
批判ばかり受けて育った子は、　非難ばかりします。
敵意にみちたなかで育った子は、だれとでも戦います。
ひやかしを受けて育った子は、　はにかみ屋になります。
ねたみを受けて育った子は、いつも悪いことをしているような気持ちになります。
心が寛大な人のなかで育った子は、がまん強くなります。
はげましを受けて育った子は、　自信を持ちます。
ほめられるなかで育った子は、　いつも感謝することを知ります。
公明正大ななかで育った子は、　正義心を持ちます。
思いやりのあるなかで育った子は、信仰心を持ちます。
人に認めてもらえるなかで育った子は、自分を大事にします。
仲間の愛のなかで育った子は、　世界に愛をみつけます。

【吉永宏訳】　illust AC

図8　ネイティブアメリカンの教え

ほんにかえるプロジェクト

　「ほんにかえるプロジェクト」は、無期の受刑者を中心に本を送る活動をしている民間団体である。本を送った受刑者と手紙のやり取りも行っている。代表の汪楠氏は、自身の過去の受刑体験から、受刑者の孤立の苦しみと支えなき更正の困難を痛感した。刑務所図書館の本は古くてほとんど読まなかったが、差し入れられたフランクル『夜と霧』など3000冊の読書を通じて人生を考え直したという。出所後、ロゴセラピーゼミナールに参加し、自ら更正の日々を送る中で、受刑者に本を届ける活動を始めた。

　受刑者の多くは、自分の行動で、罪を犯して収監されたにもかかわらず、自分に責任はない、他の誰か、何かが悪いと言うのだと汪氏は指摘する。受刑者は大抵、社会を恨む。警察を恨む。家族を恨む。共犯者を恨む。そこから抜け出すために、考えさせる存在が刑務所の中にはいない。だから、壁の外から声をかけている。汪氏は「今の逆境をいいほうに取れば、それを踏み固めて自分が助かる方法はあるんじゃないか」と教え、「受刑生活は辛いよ、自由はないし、暴力もあるし。でも1日3、4時間本を読める時間があるんだから、ある意味贅沢じゃん」と言って受刑者を励ます。

　汪氏が繰り返し主張するのは、「反省は一人でもできるが、更生は一人ではできない」ということだ。出所しても居場所も仕事も得られない人は多い。そのため汪氏は出所者への支援も重視している。だが口だけで「更生したいから助けてくれ」と言う人も多く、支援した人たちの再犯率は高いという。それでも、受刑者を孤独にしてはいけない、一人の人間として寄り添いたいという信念から支援を続けている。「いいことをしたい、感謝されたい」と思って手伝いを申し出るボランティア希望者は長続きしないという。なぜなら、自分勝手な要求を投げてきたり、不満をぶつけてきたりする受刑者も多く、期待している感謝や満足が得られないからだ。それでも、感謝されることをまったく期待せず、受刑者に手紙や本を送ることをやめない。汪氏はこれを「バイザインに徹する」と表現した。それは、更生しなさい、と強く要求しないことでもある。「私はあなたを覚えてますよ」と伝えるだけでバイザインになると思ってやっている、という。

　罪を背負った人々に寄り添い、変えられない運命を〈意味〉のもとに共に生きようとする汪氏の姿は、それ自体が人間の可能性を示す一つのメッセージである。

竹之内禎

第11章
喪失体験と意味の回復

大井奈美

喪失体験とともに生きる

　人生では多面的に現実化する喪失体験に直面させられることがある。それはいわゆる「〇〇ロス」という言葉では必ずしも表現しきれない苦難である。身体面では、老いや怪我、病や過労などによって身体は傷付き、機能を失い、死を迎える。社会面では「親」や「配偶者」などの役割喪失が生じ、環境面では故郷や文化から引き離される。

　効率や利益が最適化される現代社会では、さらに精神面での人間の尊厳の喪失が起こりうる。というのは、情報技術を背景に、社会のスピード化と、人間もある種の精巧な機械にすぎないという唯物論の変形である「機械論的人間観」が強まる恐れのことである。人を機械化・道具化するその見方は、仕事などの公的関係だけでなく私的関係にまで侵入してくる。効率を求めることで、私たちは無自覚にその見方を他者に押し付ける加害者にもなりかねない。

　このような中で、いかにして私たちは喪失とともに生きられるのだろうか。喪失体験は人生を危機に陥れ、元の自分であり続けられないほど決定的な影響を及ぼすばかりか、それを生き延びられないことさえありうる[1]。この点で喪失体験は、私たちに生きる意味や価値を根本的に再考させる典型例といえるだ

---

[1] 喪失が他人事でないと感じると，苦しむ他者は私たちの代わりに苦しみを担ってくれているのではないかとさえ切実に思われてくる．「人類のためによろこんで苦しむ」代受苦の実践としてのロマン主義が，C.ヒルティによって紹介されている．ヒルティ（1965），pp. 103-4.

ろう。

　本章では、喪失体験の中でも、人間関係における喪失体験の一形態である、失恋などの「人間関係の破綻」を主な対象として考察する。それは、日常の隣にある出来事であるとともに、生きる意味や価値がコミュニケーションの中で問い直されるメカニズムを考察するのに有益な事例の一つと思われるからである。

悲哀とメランコリーの違い

　喪失を生き延びる方途を見出すために、まずは喪失体験の本質について考えよう。フロイトは喪失によって引き起こされる心の痛みを、「悲哀」（悲しみ）とメランコリー（憂鬱）の二つに区別し、両者の違いを次のように示した。

　　「いくつかの症例で、メランコリーは、明らかに愛する対象の喪失に対する反応としておこっている。他の誘因についてみると、この喪失ということはむしろ観念的な性質のものであることがわかる。対象はいわば現実に死んだのではなくて、愛の対象という点では消失して了ったのである[……]。また他の例では、こういう喪失が確かに仮定できるはずなのだが、何を失ったのかがはっきりわからない。[……]のみならず、メランコリーをおこした喪失が患者にわかっているときにも、こういう場合がありうる。というのはつまり、誰を失ったかは知っているが、その誰かについて、何を失ったかを知らないのである。従って、こういう風に考えてよいだろう。メランコリーは、何らかの意識されない対象の喪失に関連し、失われたものをよく意識している悲哀とは、この点で区別される[2]。」

　メランコリー（憂鬱）の誘因として、まず死別（「現実に死」ぬ喪失）や別離など（「観念的な性質」の喪失）によって愛する対象を喪失した場合が挙げられている。また、喪失対象についてはっきり自覚できない場合もあるという。さらに、たとえ喪失対象を自覚できていても、それによって自分が何を失ったのかがわからない場合もあるのだと続く。

　死別においても、別離や失望においても、愛する対象として「誰を失ったか

---

[2] S. フロイド（1987）, pp. 128-9. ルビと太字による強調は筆者による.

は知っているが、その誰かについて何を失ったかを知らない」ときにメランコリーが起きるという指摘が重要である。そして逆に、喪失対象について自分が「何を失ったか」を意識できている場合に悲哀（悲しみ）が起こるという指摘も同様に注目に値する。

　フロイトの引用は一見、「何か」を失うよりも「誰か」を失う方が相手の唯一性を悼むことにつながるのではと疑念を感じさせるかもしれない。しかし筆者は、「誰」と指し示すことができる対象自体というより、その誰かとの関係において生じる意味や価値こそが失われた「何か」に相当すると、フロイトの言葉から考えている。

　「何を失ったか」を意識できることは、喪失対象の意味や価値をよく知っているということでもあるだろう。愛する対象の意味や価値は、対象の唯一性と不可分に関わっている。そこに「悲しみ」が生じる。

　それに対して、愛する対象の唯一性の意味、それに基づく相手との関係や共有した時間の意味を適切に自覚できないときには、悲しみよりもメランコリー（深刻な抑鬱、憂鬱）が生じうると考えられる。それまで続いてきた関係性の喪失による後悔や未来の不安は、無力感に留まらず自己否定感まで生じさせることがある。この無力感、自己否定感が、メランコリーの中核を成すものと考えられる。

意味の自覚を経て悲しみへ至る回復過程

　以上のように、喪失体験の本質が意味の喪失にあるという立場に立つならば、メランコリー（深刻な抑鬱、憂鬱）を癒すためには、意味の次元、すなわち心に目を向けて、失われた意味や価値を自覚することが課題となる[3]。

　まず「愛する対象の唯一性の意味」を自覚するには、喪失対象との「同一性」ではなく「差異」の尊重が必要だろう。もし、相手と自分とを一体化するほど近い存在と感じるなら、唯一性を基礎づける自他の差異に盲目になっているのかもしれない。たとえば失恋のように一体性が破れた際に起こりうる禁

---

[3] ここでいう癒しとは，喪失を忘れ去ることや完全に乗り越えることではなく，喪失とともに生きられるようになることを意味している．

断症状的メランコリーは、依存的同一化が叶わない心の囚われに起因すること
がある[4]。自分にとっての対象の有益さを惜しむかわりに、自律的人格として
の相手の自由を尊重できれば、喪失が対象の真価を変えるわけではないと思え
る場合もあるだろう。

　次に「相手と自分との関係の意味」を自覚するためには、以下の二つの方法
が考えられる。第一に、目に見える結果よりも相手との歴史の中で自分が肯定
的に変えられた部分を「目に見えない実り」と捉える観点を持つ方法である。
第二の方法は相手との関係性を変化させるようにコミュニケーションを行うこ
とである。関わり方の変化は、相手をめぐる意味や価値が再創造されることの
現れとも言える。失恋や信頼関係喪失などの人間関係の破綻を例に取ると、こ
の再創造のプロセスは、直接的コミュニケーションが可能な場合は感謝や謝罪
を伝える「埋め合わせ」の形をとることが多いと思われる。「埋め合わせ」は、
依存的関係性から回復するために必要な行動の一つとしても提案されてきた[5]。
それによると、直接的コミュニケーションが不可能な場合でも埋め合わせにな
るような新たな行動様式を身に付けることで、時間がかかっても相手へ代替的
な埋め合わせができるという。

　以上のように、意味を回復させることによって、メランコリー（無力感、自
己否定感から来る憂鬱）を悲しみ（対象の価値の認識に基づくもの）に移行さ
せることが、喪失を生き延びるための一つの有効な方法であると考えられる。

　臨床家で心理学者の小林真理子は、その豊富な臨床経験を通じて「悲しみに
よって自殺した人を見たことがないが、抑鬱によって自殺する人は後を絶たな
い」とし、「悲しみにはそれに耐える力も共に備わっている」と述べた[6]。た
とえ果てしなくても悲しみとは何とか共に生きていけるが、メランコリーとは
そういかないというのである。

　「相手と自分との関係の意味」を自覚するための二つの方法に即すると、人

---

[4] 失恋自死遺族の体験談はこの種のメランコリーの酷烈さと回復への重要な示唆を提供して
　くれる.「失恋自死（自殺）を防ぐために」（URL は addiction の意だが adddction である点
　に注意).
[5] AA（Alcoholics Anonymous）と呼ばれるアルコール依存症回復のための自助グループが米
　国で提唱した「12ステップ」に含まれている. 12ステップは，対人依存的な心の問題の回
　復のためにも応用されてきた.
[6] 筆者との研究対話における発言.

間関係における喪失体験の意味回復のための契機は次の二つの源を有していると考えられる。第一に「喪失体験の後でも、喪失や喪失に至るまでの過去の意味を変えることができる」という気付きである。つまり、喪失にもかかわらずそれで終わりではないという希望である[7]。これに関連する第二の源は、「相手とのコミュニケーションをつうじて相手の傷を癒し、過去の関係の相手にとっての意味を相手に取り戻してもらえる可能性がある」という気付きである。これは自分の感情より相手の意味回復を優先させる自己超越であり、自分のしたいように相手へはたらきかけることではない。相手の意味回復を助ける態度は、結果的に自分にとっての意味回復にもつながる。

　まとめると、喪失体験からの回復の契機となるのは「過去の意味を反転させて新たな意味を創出・構成していく」ことであり、さらに言えば、「その力は自分にしかないと知ること」である[8]。とはいえこれは意味回復が自力のみで達成されることを必ずしも意味しない。たとえば、喪失の絶望にあるとき、共に苦しみ泣いてくれるような助け人に恵まれ、その結果、少しずつ意味への意志を回復し、行動できるようになることもあるかもしれない。

　以上の議論を、喪失のメランコリーから脱する二段階としてまとめ直してみたい。すなわち第一段階は、喪失体験の本質が意味の喪失であること、そして意味の回復＝新たな意味創出の可能的契機が自己以外にないことを知る「自立」、第二段階は、他者との間で意味を回復させていくための具体的行動、すなわち「自己超越」である。第二段階は終わりなき過程である。メランコリー（抑鬱）を悲哀（悲しみ）に移行できたとしても、喪失の悲しみと共に生きる中で、メランコリーに再び陥る可能性はつねに潜在しており、そのたびに自己超越を繰り返す必要があるからである。さらに進んで、もし同様な喪失のメランコリーに苦しむ他者に寄り添うことができたなら、そのとき果てしない悲しみは、いわば他者への「愛しみ」へと昇華されているともいえるだろう[9]。

---

[7] 既述の「12ステップ」にあてはめれば「ステップ２」における「信じる」ことに対応すると考えられる.

[8] 関連して，対人依存を含む各種の依存症の問題に十全に取り組むには社会権力などの環境要因の改善が必要という，妥当な認識が広まりつつある. しかし本研究では，外部からの刺激を意味づけるのは最終的には当人であるという点に焦点を絞っている.

[9] sadness の定義には他者の不幸を憐れむ気持ち（a sad feeling, caused［……］when you feel sorry about someone else's unhappiness）が含まれている（『ロングマン現代英英辞典』）.

「にもかかわらずではなく、だからこそ」の希望

　本章では、人間関係の危機を例として、いかにして喪失体験とともに生きられるかを考察してきた。喪失の苦悩の本質が「意味の喪失」である点を明らかにしたうえで、いかに意味を回復させられうるかを論じた。

　喪失の苦悩の意味＝価値は何度でも新たに反転されうるし、最も無駄と思えるような絶望的結果が、それなくしてはありえなかった共同体性をもたらす連帯の源に変わることさえもある[10]。こうした逆転の希望を諦めず、意味の自己超越性を受け入れていく心的態度が、喪失体験を生き延び、そこからの再生を可能にする力の一つであると考えられる。

　なお、本稿の元となった拙論文[11] では、自己中心性を超えた自己超越的な意味を見出すまでのプロセスを、基礎情報学の観点から「4モードモデル」として論じている。併せて参照していただきたい。

参考文献

大井奈美（2018）「情報の基としての贈与」，西垣通編『基礎情報学のフロンティア』東京大学出版会.

落合良行（1989）『青年期における孤独感の構造』風間書房.

勝田芽生（2008）『フランクルの生涯とロゴセラピー』システムパブリカ.

勝田芽生（2010）『神経症のロゴセラピーⅡ』システムパブリカ.

『思想』（2010. 7）岩波書店.

「失恋自死（自殺）を防ぐために」，

<http://love-addction.seesaa.net> Accessed 2018, October 1.

河原理子『フランクル『夜と霧』への旅』平凡社，2012.

『ロングマン現代英英辞典』，

<https://www.ldoceonline.com/jp/dictionary/sadness> Accessed 2018, October 5.

---

[10] 喪失の苦難そのものは肯定できなくて当然であるが，それを通じて「生きる意味が私たちに迫ってくるものは受け止めていこう」とする，当事者の尊い証言がある．河原理子（2012），pp. 72-9.

[11] 大井奈美「意味の回復による喪失体験の価値の反転―心的システムの発達モデル」『社会情報学』第8巻第1号，2019, pp.49-64.

C. ヒルティ（1965）『幸福論　第三部』草間平作・大和邦太郎訳, 岩波書店.

R. バルト（1997）『明るい部屋』花輪光訳, みすず書房,（新装版）.

R. N. リーメン（2000）『失われた物語を求めて』藤本和子編訳, 中央公論新社.

S. フロイド（1987）「悲哀とメランコリー」,『不安の問題』加藤正明訳, 日本教文社, フロイド選集10巻（改訂版）, pp. 128-9.

V. E. フランクル（1983）『死と愛』霜山徳爾訳, みすず書房.

V. E. フランクル（2016a）『ロゴセラピーのエッセンス　18の基本概念』赤坂桃子訳, 新教出版社.

V. E. フランクル（2016b）『識られざる神』佐野利勝ほか訳, みすず書房,（新装版）.

コラム⑬

「閉じたシステム」の自由と責任

　基礎情報学は、ネオ・サイバネティクスと呼ばれるシステム論がベースとなっている。一般にサイバネティクスは生物・人間機械論として知られているが、ネオ・サイバネティクスはその発展形として生まれた生物・人間非機械論である。前者は、生物や人間を機械と同じ「開いたシステム」として捉えるのに対し、後者は、生物や人間を機械とは異なる「閉じたシステム」として捉える。

　「閉じたシステム」と聞くと、他者を意に介さず、自分勝手に振る舞うシステムを思い浮かべてしまうかもしれない。しつけのされていない犬や、わがままな子ども、自分勝手な要求を行うクレーマーのようなイメージである。

　しかし、ネオ・サイバネティクス系のシステム論で説かれる「閉じたシステム」とは、他者を気にしないとか、外界との相互作用がないとかいった意味で閉じているのではない。これは制御関係において閉じているという意味であり、他者によって制御されるのではなく、自分で自分を制御するシステム、つまり、自律的なシステムのことである。

　生物や人間は、この意味で閉じたシステムであり、自律的なシステムである。自律的なシステムだから、物理的には同じ刺激であっても、その意味は個々のシステムによって異なってくる。より正確に言えば、それぞれが閉じているのだから異なるかどうかもわからない。刺激としての情報やその意味は、どこまでもそのシステムだけのものである。

　とはいえ、自律的なシステムも、外から見れば、刺激に応じて一定の行動をとるシステム、つまり、他律的なシステムとして観察することができる。赤信号をどのように解釈するかは個人の自由だが、赤信号で止まらない人ばかりでは我々の社会は成り立たない。外から見たときに個人がある程度、他律的に見えるということは、

我々の社会が安定的に存続するための条件となっている。法律や慣習は、それを我々が明示化したものである。

　人間は自律的な存在だから、たしかに自分勝手に振る舞うこともできる。だが自律的だからこそ、どのように振る舞うかという責任をつねに負っていると言うこともできる。個々の人間は自律的であるにもかかわらず、社会システムのレベルでは他律的に見えることが多いのは、それぞれがこの責任を果たしているからである。

　ただし、これはそのときの社会的な要請につねにこたえるように振る舞え、ということではない。ときには社会的な要請が、非人間的なものとなることもあるかもしれない。フランクルは「自由には責任がともなう」としきりに強調した。彼はナチス政権下、医師として精神病の正確な診断を下せばガス室送りになる人たちの病名を偽ることを選択した。そうした彼の行為にも思いを馳せながら、自由と責任のセットがいかに重いものであるかを考えたい。

西田洋平

第12章
それでも人生にイエスと言う

河原理子

一冊の本をたどって

　学生時代に手に取って、そのときはさっぱりわからなかったのに、ずっと後になって、心の内によみがえってくる本がある。まるで、道に迷ったときに、古い深い井戸があって、水は枯れていなかった、とでもいうように。

　私にとって、ヴィクトール・E・フランクル（Viktor Emil Frankl, 1905〜1997）の『夜と霧』は、そんな一冊だった。読むたびに違うところが響いてくる、不思議な本である。

　「私のしていることなんて、いったい意味があるんだろうか」と、わからなくなったとき。誰かに「私、生きている意味、あるのかな」と、まっすぐに尋ねられたとき。何かを失ったとき。大切な人や私が、どうしようもない苦難にぶつかったとき。この本を何度、開いてきたことだろう。

　私は、新聞記者として働いてきた。三十代のころ、偶然のきっかけから、事件や事故などで大切な人を亡くした人や、ご自身が被害を受けた人の話を聴くようになった。私は、その人たちが置かれた状況について多くのことを教わったけれど、お話を聴いた後で無力感にさいなまれた。その人に降りかかったことはあまりに理不尽で、私はそれを変えることができない。医療者でもない私に、できることはほとんどないように思えたのだ。

　でも、その人たちが、受け容れがたい現実と向き合い、私を、テニスの壁打ちの壁のようにして、話しながら自分で考えて変わっていく姿に接したり、他の人たちが自分と同じ思いをすることがないようにと何かを始めたり、「誰か

の役に立つのなら」と話をしてくださったり、それぞれのありように触れるうちに、人間ってすごい、という思いも抱くようになった。一人ひとり違うし、複雑な色が合わさっている。

　考えてみれば、起きたことを無かったことにすることなど、誰にもできない。そして、事態がくつがえせないのなら、大切なのは、それからどう生きるかだ。でも、どうやって？　周りの人には、何ができるのだろうか。いや、そもそも何かができるのだろうか……。

　私自身もちっぽけな悩みにもがきながら、手がかりを探して、さまざまな集会に顔を出し、さまざまな本を読んだ。すると、あるときふと、フランクルの言葉を杖のようにして生きている人たちがそこかしこにいるのが、見えたのだ。

　『夜と霧』の新訳[1] が出たことも、私の関心がフランクルに向かうきっかけになっていたかもしれない。

　やがて私は、そういう人たちを訪ね、各地の大学図書館で痕跡を探した（先人たちが遺してくれた国内外の書籍に私はとても助けられたし、司書の人たちに、資料の来歴や、外国の図書館のアクセス方法も教えていただいた）。また、『夜と霧』新訳の事情を取材し、フランクルゆかりの人たちを訪ねてオーストリアやドイツに旅した。そして、朝日新聞の「ニッポン人脈記」というシリーズで「生きること」という連載を書いた[2]。掲載が2011年春、東日本大震災の直後になったのは偶然だったけれども、「息をのむようにして読んでいます」「この時期、こういう記事が読めたことに感謝したい」など、たくさんの反響をいただいた。

　それから、私はロゴセラピーをもっと知りたくなって学び続け、個人的に取材を続け、さらに強制収容所跡を訪ねて、『フランクル「夜と霧」への旅』という本を書いた。誰がどのようにフランクルの言葉を支えにしてきたのか、フランクルは本当のところどんな体験をしたのか。詳しくは、そちらを読んでほしい。

---

[1] ヴィクトール・E・フランクル『夜と霧　新版』, 池田香代子訳, みすず書房, 2002
[2] 朝日新聞2011年4月18日付夕刊～5月11日付夕刊, （平日のみ）計14回, 夕刊のない統合版地域では翌日朝刊掲載. 以下, 新聞はいずれも東京本社発行最終版.

決して奪えないもの

　ユダヤ人精神科医だったフランクルは、家族もろともナチスドイツの強制収容所に送られて、最初の収容所で老いた父親が亡くなった。その先、家族は別々の道をたどる。母親はガス室の犠牲となったのだが、それを彼は解放後に知り、ウィーンに帰ってから、（当時の）妻が収容所で力尽きていたことを知った。『夜と霧』は、亡き母親に捧げられている。注意深く読むと、再会を待ち望んだ人がすでにこの世にいなかった彼の「底なし沼のような苦悩」[3] が滲んでいる。

　けれども、フランクルが伝えようとしたのは、そのような極限状況の中で、人間はいかに人間であり得たのか、ということだった。

　　強制収容所にいたことのある者なら、点呼場や居住棟のあいだで、通りすがりに思いやりのある言葉をかけ、なけなしのパンを譲っていた人びとについて、いくらでも語れるのではないだろうか。そんな人は、たとえほんのひと握りだったにせよ、人は強制収容所に人間をぶち込んですべてを奪うことができるが、たったひとつ、あたえられた環境でいかにふるまうかという、人間としての最後の自由だけは奪えない、実際にそのような例はあったということを証明するには充分だ。[4]

　『夜と霧』は日本独自のタイトルで、もとは、〈心理学者、強制収容所を体験する〉というそっけない題の、薄い本だった[5]。1946年にウィーンで出版されたが、当時はあまり売れなかった。

　それを、心理学者の霜山徳爾（1919〜2009：上智大学名誉教授）が西ドイツ留学中にたまたま見つけた。「いたく心をひかれ」[6]、翻訳したいと願って、フ

[3] フランクル書簡1945年10月30日　ヴィクトール・E・フランクル『夜と霧の明け渡る日に 未発表書簡、草稿、講演』，赤坂桃子訳，新教出版社，2019, p.62
[4] 前掲書『夜と霧　新版』，p.110-111
[5] „Ein Psycholog erlebt das Konzentrationslager", Verlag für Jugend und Volk, Wien, 1946
[6] 霜山徳爾「『夜と霧』と私」，前掲書『夜と霧　新版』所収，p.159

ランクルを訪ねたのだ。霜山もまた、戦争のために大学を繰り上げ卒業して、海軍に所属し、特攻隊の出撃を見送る経験をしていたという。

　霜山の翻訳で『夜と霧』が出版されたのは、1956年[7]。アルゼンチンに次いで世界で二番目に早かったようだ。のちに英訳されて、世界的なベストセラー、ロングセラーになる。

　戦時下の過酷な体験があって生まれた本なのだが、時が経つにつれて、人間の尊厳を描いた部分が前面に出てきて、さらに広く人の心をとらえたように見える。

　フランクルは晩年、この原稿を手直しして、他の作品と共に一冊の本に収めているのだが、その本の題名は〈それでも人生にイエスと言う〉[8]。1946年にウィーンの市民大学で行った三つの講演を収めた本の当時の書名と同じなのでややこしいのだが、〈それでも人生にイエスと言う〉というメッセージこそが、フランクルが伝えたいことの集大成なのだろう。講演録は、次のようにしめくくられている。

　　　人間はあらゆることにもかかわらず——困窮と死にもかかわらず（第一講演）、身体的心理的な病気の苦悩にもかかわらず（第二講演）、また強制収容所の運命の下にあったとしても（第三講演）——人生にイエスと言うことができるのです。[9]

運命の贈りもの

　「いやす」「いえる」というときに使う漢字「癒」は、刃物で中をくり抜いた丸木舟を表し、木をくり抜くように、病んだ部分や、心のしこりがとれて治るさまを意味するという[10]。しかし、苦悩はくり抜くことはできない（状況を変

[7] ヴィクトール・E・フランクル『夜と霧　ドイツ強制収容所の体験記録』，霜山徳爾訳，みすず書房，1956

[8] „...trotzdem Ja zum Leben sagen", Kösel Verlag, München, 1977

[9] V. E. フランクル『それでも人生にイエスと言う』，山田邦男，松田美佳訳，春秋社，1993 p.162．この講演録のドイツ語版は，現在，„Über den Sinn des Lebens", Beltz Verlag, Weinheim Basel, 2019，として再刊されている．

[10] 藤堂明保ほか編『漢字源』改訂第5版，学研，2011, p.1076

えられる場合は、話が別だ）。

　その一見やっかいな「苦悩」を、フランクルは大切なものとみなした。まっとうに苦悩することで、生きることを意味あるものにできるのだ、と。

　そんなことあるのだろうか……と思うかもしれない。私の知る人たちの話をここに記しておきたい。掲載を快諾してくださったお二人に感謝したい。

　　　　ひとりの人間が避けられない運命と、それが引き起こすあらゆる苦しみ
　　　を甘受する流儀には、きわめてきびしい状況でも、また人生最期の瞬間に
　　　おいても、生を意味深いものにする可能性が豊かに開かれている。[11]

　苦悩と死は、誰も代わることができない。引き受けて自分のものにして、精神的に何かをなしとげることで、他の誰でもないその人の、一回限りの人生を、意味深いものにできる可能性がある、とフランクルは言う。

　強制収容所で出会った重病の若い女性が、かつてないほど真剣に生きて精神的に深められていると語る様子を紹介して、病気と死は「なにかを失うことではなく得ること」であり、それどころか、病気と死は「贈りもの」だと考える人たちがいる、と述べている。[12]

　この「贈りもの」の話は、フランクルの本『それでも人生にイエスと言う』に収められた二番目の講演「病いを超えて」に出てくる。

　和歌山県の高校教師だった梶川哲司さん（1951年生まれ）は、四十代の頃からフランクルを読み込んできた。定年後も参加していた大阪のフランクル研究会で、2016年春、『それでも人生にイエスと言う』の、この「病いを超えて」の章を皆で読んだ。そのとき梶川さんは、「病気と死は『贈りもの』」という小見出しと、「意識して死に赴いていくというのは、運命の贈りものにちがいない」という一文に赤線を引いた。

　その半年後に、肺癌を宣告された。「よもや自分に」と思いつつ、梶川さんは、この言葉に支えられたという[13]。「運命の贈りものにちがいない」という一文が、強く心に響いた。

---

[11] 前掲『夜と霧　新版』．p.113-114
[12] 前掲『それでも人生にイエスと言う』．p.79-80
[13] 2020-2021河原取材

「この病気は私に課せられている。私はここから何を産み出せるのか」

　手術して2週間で退院。いろいろなことがうまくいき、闘志に満ちて、意気揚々としていた。病気の自分にできることとして、ライフワークだった公害と自然保護についての本を出して図書館に寄贈することを決めた。出版費用は「治療費」と考え、出版契約をして、それまでの論文を早々にまとめた。

　ところが翌年、事態は一変した。

　抗癌剤治療は思った以上にしんどかった。さらに食道にも癌が見つかった。入院は、その年の1月から5月まで断続的に続き、体重は激減した。

　「赤線を引いた部分を、いよいよ実践していかなくては」と頭では考えても、気持ちがついていかなかった。

　それどころか、死を意識して人生をふりかえることばかり。なぜあのとき生徒や同僚に優しくしてあげられなかったのか、自分が人を追い詰めたのではないか、なぜ自分はもっと評価されなかったのだろうか……。苦い過去が、来る日も来る日もよみがえり、ベッドの上で苦しんだという。肉体的な苦痛より、自分の人生と否応なしに向き合ったことによる後悔の痛みが、まさった。

　抗癌剤の副作用で便秘がひどくなり、開業医で摘便の処置を受けているとき、我が身のふがいなさに「一つならまだしも、二つも癌になって……」と泣いてしまった。「しっかりしなさい、あなたはまだ、できることがあるでしょうが！」と医師の妻の看護師に一喝されて、それで「そうだ、自分の癌は天からの贈りものだったんだ」と思い直すことができたという。

丁寧に生きよう

　「あなたはまだ、できることがある」という看護師の言葉は、ロゴセラピーでいえば「創造価値」を実現することだろう。でも梶川さんは、「創造価値」より、「体験価値」や「態度価値」に目を向けようと考えた。

　三つの価値については第1章に詳しいが、「生きる意味」につながる三つの道筋のようなものだ。作品をつくったり仕事で何かを成しとげたりする「創造価値」、自然や美を味わい、愛を享受する「体験価値」、変えられない運命のもとで自分の態度を決める「態度価値」がある。

　「何かしようとしても、もう先が知れている。創造価値は、本を出すことを

決めていたから、これを急ピッチでやればいい。それより、一日一日を丁寧に生きよう、人との出会いに真心を込めて生きてみよう、そんな気持ちになりました。以前は、忙しくて、何か処理するような感覚で生きていて、氷山の、水面から上の部分しか見ていなかったように思います」

　病院で看護学生の実習相手を引き受け、気持ちを聞かれて話すうちに、自分を少し客観視できるようになった。何より、「他者の役に立つことは、こんなに嬉しいことなのか」と実感。晴れやかな気持ちで退院した。

　そして、癌を公表すると、不思議なことに、友人知人に癌や病を抱える人が増えて、梶川さんの体験が、誰かの支えになった。

　梶川さんの「後悔」は、私にはやや意外だった。梶川さんは私にとってロゴセラピストの先輩である。教師をしながら自然保護活動に携わり、このままでよいのかふと迷った四十代の頃、書店で『それでも人生にイエスと言う』の背文字が光って見えたという。圧倒的な読書量と知識があるだけでなく、和菓子を作り、短歌を詠む才人でもある。生徒の人望もあるように見えた。

　「確かに生徒に喜んでもらえたこともあります」と梶川さん。「でも、アクシデントが起きると面倒くさいと思ったり、処理を急いだり、生徒を知的に理解することはできても、もっと深く実存的に理解しようとしなかった。もっともっと、親身になって話を聴いてあげればよかった。説明するのが商売だと思い込んでいたし、二足のわらじを履いて、学問的にも業績を上げることに力を入れていた。せっかく教育現場にいたのに、無駄に過ごしてしまった」とふりかえる。

　「結局、自分は、他者の存在より自分が先で、自己中心的に生きてきたのではないでしょうか……」

　なぜだったのかと考えると、母親とうまくいかなかった子ども時代が思い浮かんだ。両親に愛を注がれて育ったフランクルを「妬ましい」とさえ思ったと、梶川さんは話す。自分は、甘えたい気持ちを表すこともできず、反抗した。

　すでに九十代の母親に今さら思いをぶつけることはできない。兄に長い手紙を書くと、思いやりのある言葉が返ってきた。そして、梶川さんは母親を見舞い、母親は梶川さんの癌を心配した。

　その年の秋に母親が最期を迎えたとき、梶川さんは、兄と一緒に母親の体をさすり続けた。

病いを得て一番変わったのは「他者との関係」だった、と梶川さんはふりかえる。対人関係の緊張がほぐれて、「ほんの少しだけ」優しくなれた。

「病いを通しての過去のふりかえりこそが、『贈りもの』の最大の意味だったように思います」

母親と和解できたわけではない。「自分の努力や苦しみを理解してほしかった。その上で、おかあちゃん……と言いたかったのに」と、不全感は残る。ただ、「母との溝は溝として見られるようになった」。大きないのちの流れのようなものに自分がつながって、自分が開かれ、自分が変わったのだという。

母親の死後も関係性を回復する努力をしている。自分の病状が進行するにつれ、母への思慕、寂しさがつのる。

癌の再発がみつかって、治療は次の段階に入っている。

2021年10月に入院したとき、山茶花の花が咲いたと妻が写真を送ってきた。2017年の母の葬儀の朝に咲いていた花だ。梶川さんは、こんな歌を詠んだ。

　　　咲き初むる庭の山茶花　母が吾の病を案じ訪ひ来たらむか

悲しみをてこにして飛躍する

さて、ハンセン病療養所で入所者の精神医学的調査をしていた医師の神谷美恵子（1914〜79）も、「苦悩の意味」について書いている。

　　　人間が真にものを考えるようになるのも、自己にめざめるのも、苦悩を
　　　通してはじめて真剣に行われる。[14]

確かに、苦悩することによって到達できる人生の意味がある。そのことを私は、生きる上での励ましと受けとめている。

『それでも生きていく』[15]というのは地下鉄サリン事件の被害者家族が事件3年後に出した手記集のタイトルだが、人生は、大なり小なり「それでも」「に

---

[14] 神谷美恵子『生きがいについて』，みすず書房，2004, p.137
[15] 地下鉄サリン事件被害者の会『それでも生きていく　地下鉄サリン事件被害者手記集』，サンマーク出版，1998

もかかわらず」生きていくようなところがある。「それでも」の力が必要だし、それを信じたい。

ただ、それは、簡単なことではない。

本郷由美子さん（1966年生まれ）は、「愛しみと共に生きる」と題して2021年10月に日本ロゴセラピスト協会でオンライン特別講演をした。

本郷さんは、1995年の阪神淡路大震災で被災して、2001年に起きた大阪教育大学附属池田小学校事件で、2年生だった長女・優希さんのいのちを、学校に侵入してきた男によって奪われている。8人の子どもが刃物で殺害された事件だ。

想像を絶する悲しみが、どのように、「愛しみと共に生きる」気持ちに変わってきたのか――というのが講演のテーマだった。

はじめ即死と見られていた優希さんは、最後の力を尽くして、68歩分、廊下を歩いて逃げていた。捜査の結果それがわかって、本郷さんは、何度も何度も学校の廊下に行き、床に頬ずりし、身を横たえた。自分もここでいのちを絶ちたいとさえ思ったという。ところが、繰り返し訪ねて娘の痕跡をたどるうち、その場所が、娘が生きようとした、かけがえのない場所になっていったのだという。

あるとき廊下に立つと、笑顔の娘が走ってくる姿が見えた。

「一生懸命に生きたんだね、と娘を抱きしめました」――そう本郷さんは、話した。

深い悲しみに寄り添う「グリーフケア」の存在を知った本郷さんは、少しずつ、事実に向き合った。グリーフとは、悲嘆のことだ。自分がおかしくなったのではなく、異常な出来事に対する当たり前の反応なのだと知って、支えられた。

今度は自分が、悲しみや苦しみを抱える人の傍らに行ってありのままを受けとめられる人になりたいと考えて、本郷さんは学びを重ねた。「精神対話士」の民間資格を取り、上智大学グリーフケア研究所に通い、やがて、東京を拠点に活動するようになった。身寄りのない人、震災・原発事故から避難してきた人……、さまざまな悲しみや苦しみを抱えた人たちに会って、話に耳を傾ける。自分はどう応えるのか問われている気がした、という。

最期の瞬間までだれも奪うことのできない人間の精神的自由は、彼が最

期の息をひきとるまで、その生を意味深いものにした。[16]

　講演で本郷さんは、このフランクルの言葉を引いて優希さんのことを語った。「娘が生きる意味を教えてくれたのです。それを受け取った私は、つらいけれど、自分が息をひきとるまでちゃんと生きようと誓うことができたのです」

　そして、悲しみと向き合うのがすごくつらいときに支えになった言葉として、神谷美恵子の言葉を紹介した。

　　悲しみをてこにして飛躍すること。
　　悲しみや苦しみの中になずむな。
　　それにきよめられ、きたえられ、優しくされよ。[17]

　本郷さんは、さまざまな悲しみや喪失にそっと触れる絵本を数百冊そろえたグリーフケアライブラリーの活動もしている。附属池田小事件から20年近く経った2020年11月、東京都台東区にある光照院の別棟「こども極楽堂」の2階に、「グリーフケアライブラリー　ひこばえ」がオープンした。気持ちのままに過ごせるように、ぬいぐるみやソファが置かれた優しい空間だ。運営する「下町グリーフサポート響和国」は本郷さんが代表を務める。絵本のグリーフケアライブラリーを開くことは、本郷さんの念願だった。

　なぜ絵本なのか。自分は、しんどいときは字を見ることができなかった。色に反応して絵本を開いて、あ、涙が出ている、という体験をした——そう本郷さんは、お披露目のときに話していた。

傍にいること

　最後に。傍にいる人に、できることはあるだろうか。
　ロゴセラピストの働きはあくまで「触媒」であり、その人が意味を見つけるのを助けることだ、とフランクルは述べている[18]。「生きる意味」を与えるこ

[16] 前掲書『夜と霧　新版』，p.112
[17] 宮原安春『神谷美恵子　聖なる声』，文春文庫，2001, p.235
[18] ヴィクトール・E・フランクル「意味喪失の時代における教育の使命」，広岡義之訳，『現

とはできないし、押しつけてはならない。

　本郷さんは、「癒してあげたい」「何かしてあげたい」というのではなく、た
だそばにいてくれた人たちに支えられた、と話した。

　梶川さんも、「その人がしてほしいことをしてあげて、ニコッと笑ってそこ
を去る」、そんな姿勢が肝要だという。「病気になったらわかります。講釈はい
らないのです」

　傍にいること。ロゴセラピーでいうバイザイン（Beisein）＝第１章参照＝だ。
他にもできることがあると私は思う。

　「確かに、雲は太陽を覆い隠すことができる。けれども、それでも太陽は存
在している、ということを忘れさせることはない」[19] とフランクルは記してい
る。雲に覆われて、そのときは太陽が本来の輝きを発揮できないとしても、雲
の向こうの太陽がなくなるわけではない。その太陽の存在、つまりその人の本
質を、信じることはできるのではないだろうか。

参考文献

河原理子，『犯罪被害者　いま人権を考える』，平凡社新書，1999
河原理子，「今、フランクルを読む②　生きること」『春秋』20011年８．９，春秋
　　社
Viktor Frankl Institut Wien, https://www.viktorfrankl.org/indexD.html,
（最終参照2021-11-15）
V. E. フランクル，『苦悩する人間』，山田邦男，松田美佳訳，春秋社，2004
ヴィクトール・E・フランクル『生きがい喪失の悩み』中村友太郎訳，講談社学芸
　　文庫，2014
ハドン・クリングバーグ・ジュニア，『人生があなたを待っている　〈夜と霧〉を越
　　えて』１，２，赤坂桃子訳，みすず書房，2006
霜山徳爾，『時のしるし　霜山徳爾著作集７』，学樹書院，2001
梶川哲司，『和歌山の公害──海岸線の埋立て開発をめぐって』，ウイング出版部，
　　2017

代思想４月臨時増刊号　imago 総特集　ヴィクトール・E・フランクル　それでも人生に
　イエスと言うために』，青土社，2013
[19] Viktor E. Frankl, „Theorie und Therapie der Neurosen" 9. Auflage, Ernst Reinhardt Verlag,
　München Basel, 2007, p.87．河原訳，V. E. フランクル『神経症Ⅰ その理論と治療』，宮本
　忠雄，小田晋訳，みすず書房，2002, p.68を参照

本郷由美子『虹とひまわりの娘』，講談社，2003

「喪失と悲嘆に　寄り添う部屋／台東区にライブラリー『ひこばえ』／付属池田小
　　事件の遺族開設『絵本で気持ち和らいだ』」朝日新聞2021年2月26日付夕刊（東
　　京本社発行最終版），

「付属池田小事件20年　心に寄り添う　優希と69歩目／救われた時のように／受刑
　　者とも向き合う」朝日新聞2021年6月7日付朝刊（同），

「娘の"最後の68歩"『お母さん　ちゃんと受け止めたからね』」NHK WEB特集
　　2021年6月25日（最終参照 2021-12-05）

https://www3.nhk.or.jp/news/html/20210625/k10013099241000.html

「愛娘との突然の別れを経験した本郷由美子さん。他者に寄り添い、支え、支えら
　　れて生きる」家庭画報 .com 2021年8月30日，（最終参照 2021-11-15）

https://www.kateigaho.com/home/115241/

著書紹介

河原理子著『フランクル「夜と霧」への旅』平凡社，2012＝朝日文庫，2017

　　戦後日本で，ヴィクトール・フランクルの強制収容所体験記『夜と霧』は，長く静かに
読み継がれてきた．著者はあるとき，フランクルの言葉を杖のようにして生きている人た
ちの存在に気づく．どうにもしがたい運命の下にあるとき，それでも，人間らしく生きる
道はあるのか……．日本での出版の経緯を探り，フランクルの言葉を支えとする人々を訪
ね，ヨーロッパで彼の足跡をたどり，「生きる意味」を説いたフランクルの人生と思想に
迫るノンフィクション作品．巻末に，年表やフランクル著作の日本語訳などの資料を収め
る．文庫には作家・後藤正治さんの解説あり．

終 章
共創・共感・共苦のメディア

竹之内禎

生きる意味を見出す「触媒」として

フランクルが自分自身の人生の目的を問われた際、「他の人たちがそれぞれの人生に意味を見出すのを手助けすること」と答えたという[1]。ロゴセラピストの本質はこの一言に現れているように思う。

第12章で河原が述べているように、「ロゴセラピストの働きはあくまで「触媒」であり、その人が意味を見つけるのを助けることだ、とフランクルは述べている」。それは、自らが主役となる自己実現ではなく、他者が生きる意味を見出すための触媒（メディア）あるいは「共に在る者」（バイザイン）[2]としての役割を果たす生き方、在り方である。それは、依存や強制ではなく、あくまでも責任存在たる独立した人格としての自由の在り方である。言い換えれば、「共に在る」という在り方は、「他者からの自由」（freedom from others, 逃避）でも、「他者への自由」（freedom to others, 介入）でもない、「他者と共にある自由」（freedom with others, 傍らに居ること、心を寄せること）である。生きる意味というものは、その当人にしか見出せないものであるが、ロゴセラピーがセラピー（対人援助）であるからには、個人のうちで完結するものでは

---

[1] ヴィクトール・E・フランクル著，山田邦男訳『フランクル回想録──20世紀を生きて』春秋社，2011, p.180

[2] Beisein（ドイツ語）．bei（〜の傍らに，そばに）という前置詞と Sein（存在すること）という名詞の融合形．辞書的な意味は「同席，臨席，立ち会い」であるが，ロゴセラピー的な意味では「他者の心に寄り添うこと」を意味する．

なく、「寄り添いつつともに」というバイザインの観点が前提されていることは自明である。これを勘案すると、「意味はその人の内面においてのみ実現される」(命題A) という考え方とともに、(ロゴセラピーの考え方として明確に示されてはいないものの) 別の視点では、「共に在ることによってこそ実現できる意味がある」(命題B) という面もある。基礎情報学の理論から解釈するとすれば、命題Aは「生命体は閉じたシステムである」とするオートポイエーシスの概念から説明でき、命題Bは上位システムと下位システムそれぞれが自律的でありながらも上位システムから見た場合に下位システムがそのサブシステムのように見える、という階層的自律コミュニケーション理論 (HACS理論) から説明できる。したがって、両者はネオ・サイバネティクス系の情報学の観点からは矛盾せずに両立する。

　この「共に在ることによってこそ実現できる意味」を、それぞれ、創造価値、体験価値、態度価値に対応させて「共創」、「共感」、「共苦」と呼ぶとするならば、本書で紹介した事例の多くは、そのような「共に在ること」を前提としており、その意味実現の機会に関わってきた方たちは、その触媒の役割を果たしてきたと言えよう。つまり、生きる意味の発見・実現を支援しようとする人たちのことを、「共創・共感・共苦のメディア」の役割を担う存在だと見ることができる。また人だけでなく、書籍などの物やそれを媒介する組織の働きなども、情報学的には「メディア」(媒介するもの) とみなすことができる。

　筆者 (竹之内) は大学司書課程で図書館の専門職員である司書を養成する立場にあり、図書館への関心が強いことから、共に在ることによって実現できる意味＝共創・共感・共苦の「メディア」として図書館という場が持つ可能性について、本書のこれまでの議論を振り返りながら考察したい。既出の論点や概念もあるが、本書の総括としてあらためて整理し言及することとする。

ロゴセラピーの次元的存在論と3つの「価値」概念

　すでに述べられているように、ロゴセラピーは、ヴィクトール・E・フランクルが創始した「生きる意味」を中心にする心理療法である。ロゴセラピーの人間観とそれに基づく技法は、人々の生きる意味の実現 (人生における意味の充足) を支援するうえで示唆に富むものである。

ロゴセラピーでは、人間を「身体」「心理」「精神」の三つの次元からなる存在ととらえており、自己保存的な機能を持つ「身体」と「心理」（これらをまとめて「心身態」（Psychophysikum）と呼ぶ）に対して、自己距離化（客観視）と自己超越（自己中心的欲求の克服）の能力を持つ「精神次元」（spiritual dimension / noetische Dimension）においてロゴスすなわち「生きる意味」（meaning of life / Sinn des Lebens）を見出す力があるとする。この「生きる意味」とは永遠不変のものではなく、そのときの固有の状況に対して責任ある行為で応答するところに、そのつど見出されるものである。ロゴセラピストは、クライアント（相談者）の身体的・心理的な状況を整えるように留意しつつも、最終的には精神次元の責任意識に働きかけ、意味への意志（will to meaning / Wille zum Sinn）を喚起し、それを満たすことを助けようとする。

　ロゴセラピーにおける生きる意味の充足とは、次の3つの「価値」の実現とも言い換えられる。すなわち、⑴創造価値、⑵体験価値、⑶態度価値である。

⑴創造価値（creative values / Schöpferische Werte）とは、人が世界に対して能動的に何か意味あることを実行する際に実現される内面的価値である。代表的な活動は仕事であり、芸術的な制作活動や、日々の暮らしを営むこともこれにあたる。

⑵体験価値（experiential values / Erlebniswerte）とは、人が世界から何か思いがけない意味に満ちた喜びを受け取る際に実現される内面的価値である。優れた芸術や自然の美に触れて我を忘れる、誰かを深く愛する体験などがこれにあたる。

⑶態度価値（attitudinal values / Einstellungswerte）とは、変更不可能な苦難・困難に対して、「精神の反抗力」（Trotzmacht des Geistes）を発揮して、意味ある態度を取る際に実現される内面的価値である。

　三つの価値は、心身態（自己保存）の次元ではなく、精神（自己距離化・自己超越）の次元で実現されることに留意が必要である。つまり、ロゴセラピーにおける「生きる意味」は、単に身体的・心理的欲求を満たすところにではなく、「自分以外の何か」を志向するとき、「他者」に向かうときに見出される

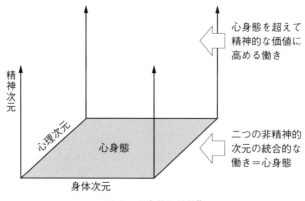

図 1　心身態と精神[3]

（図 1 ）。

　ロゴセラピーは、人間の存在要件である身体次元、心理次元、精神次元の働きを考慮し、その中でも精神次元の働きを助けることを重視する立場に立つ。精神次元の働きを助けるとは、三つの内面的な「価値」の実現を助けることである。

　三つの「価値」は、個々人の内面において実現されていくもので、ロゴセラピストはその実現を支援する助言や働きかけを行う。欧州ではロゴセラピストがカウンセラーとして専門的に相談業務を行うケースもあるが、日本では主に医療、看護、福祉、教育などの対人的活動を主とする分野で業務の中にロゴセラピーが応用されるケースが多い。以下では、社会的なメディアの一つである図書館を例として考察する。

　ロゴセラピーの観点から見れば、図書館は利用者が三つの「価値」を実現する場として機能しうる「情報と思想のひろば」[4] であり、図書館員はそれを支援する役割を担う存在と考えることができる。ロゴセラピーと関連づけて司書の役割をとらえ直すことで、新たな司書の存在意義や図書館活動の方途を見出

---

[3] Elisabeth Lukas, „Lehrbuch der Logotherapie: Menschenbild und Methoden", 4., aktualisierte und durchgesehene Auflage, Profil, 2014, S.19. の図をもとに作成.

[4] アメリカ図書館協会「図書館の権利宣言」冒頭より「すべての図書館は情報と思想のひろばである（all libraries are forums for information and ideas）」

せる可能性もある[5]。だが本章で主に考えたいのは、専門職としての司書の側からではなく、生活者、利用者の立場から見た共創・共感・共苦のメディアとしての図書館との関わり方である。

図書館を利用した「創造価値」実現と「共創」

　創造価値とは、人が「なにかを行なうこと、活動したり創造したりすること、自分の仕事を実現することによって」[6] 実現される精神次元の意味である。この創造とは精神次元における「意味への意志」のもとになされるもので、それは「通常の意識的な自我におけるいわば意味執着ではなく、われわれが日常のそのつどの具体的な務めに専心するその「自己超越」のうちに無意識的に働いている意志」[7] と解される。本書第3章「自己実現から意味実現へ」で述べられているように、自己実現（やりたいこと）と意味実現（意味あること）とは、たまたま同時に実現することはあっても本質的には別次元のものであり、創造価値はあくまでも精神次元での意味実現に関係していることに注意が必要である。たとえば、第5章で述べられた図書館の録音図書の製作に関わるボランティアは、図書館という場を活用して、ご本人の興味、関心と社会的に意味あることとが上手に両立された例と言えるだろう。一方、第6章で述べられた視覚障害者のためのメンタルスキル講座は、ご本人が苦労した末にマスターしたスキルを、まだ知らない人々に伝えることに意義があると確信する使命感から来る活動だと思われる。というのも、小林氏は会社勤めの傍ら、朝4時台に起きて活動のための準備を行ったり、休日を使って図書館の録音図書を利用して勉強を日々行ったりしており、それは他の多くの「やりたいこと」を断念した結果でもあるからだ。

　創造価値は仕事や勉強、社会的な活動だけでなく、コラム⑧「暮らしの風景を生きる」にもあるように、「地域を愛する心情」にもその萌芽がある。地域

---

[5] 竹之内禎「ロゴセラピーから見た司書の役割：三つの「価値」概念を中心に」第66回日本図書館情報学会研究大会報告，2018年11月3日
[6] 前掲書『それでも人生にイエスと言う』，p.72.
[7] 山田邦男著「解説　フランクルの実存思想」，前掲書『それでも人生にイエスと言う』所収，p.191.

の図書館を日頃から利用する人にとっては、図書館の利用は暮らしの風景を生きることの中に含まれるであろうし、地域を愛する心情が、地域の図書館への応援に発展すれば、図書館という場を利用した「図書館 × ○○」のような創造的活動を提案し、主催者側の一員として、講座の講師、ファシリテーター、ボランティア等の役割を担って利用者自身が図書館を縁とした創造的活動を担うことができる。これによって、地域コミュニティにおける図書館と利用者との「共創」という新たな価値を生むことが期待できる。

　また、図書館の大きな特徴として、地域住民のために作られてはいるもののすべての人に無料で開かれている、ということがある。コラム⑧で言及された河井孝仁のシティプロモーション論では、「域外住民」という言葉で、他の地域に住む人が、別の地域を応援する可能性に着目している。域外住民とともに地域の図書館を応援することは、「域外住民との生きがいづくり」という共創の形になるだろう。

図書館を利用した「体験価値」実現と「共感」

　体験価値とは、「なにかを体験すること、自然、芸術、人間を愛することによって」[8] 実現される精神次元の意味である。創造価値が何かを能動的に実行することによって実現される内面的な価値であるのに対して、「体験価値は、世界のうちにある存在の美や真理を享受したり、一人の人間をその唯一性において体験し愛することによって実現される」[9] 価値である。

　図書館を例にとれば、利用者は、本に囲まれた空間自体を楽しむこと、教養・趣味の読書、視聴覚メディアの利用、調べ物等を通じ、時には著者と心の内で対話をしながら内面を深め、体験価値を実現する機会を得ることができる。だがそれを自発的にできるのは、図書館が「暮らしの風景」の一部にすでになっている人たちに限られる。日頃、図書館との接点がない人たちには、まず本の魅力と出会い、図書館の利用価値に気付いてもらうための仕掛けが必要だ。

　たとえば、第7章で紹介した絵本セラピーや、第8章で紹介した（大人の）

---

8) 前掲書『それでも人生にイエスと言う』, p.72.
9) 前掲「解説　フランクルの実存思想」, p.191.

読書感想文、ビブリオバトル、そして多様な形態の読書会は、読書の体験を共有し、さらに意義深くするために有効な仕掛けだと考えられる。

　絵本セラピーでは、絵本の内容にちなんだ質問を参加者に投げかけて、考えてもらう場面がある。たとえば、『まいにちがプレゼント』[10] という絵本を読んだ後に「最近受け取った、または誰かにあげたプレゼントは何ですか？」という手軽な質問もできるし、「あなたが人生からもらったプレゼントは何ですか？」などの、より深い質問を問いかけることもできる。そして、その答えをシェアするとき、思いがけず心が温まるような、印象深いエピソードに出会うこともある。「共感」を通じて「体験価値」が実現する瞬間だ。

　絵本に限らず、一般の書籍を題材に簡単なブックトークをして、紹介した本にちなんだ質問を投げかけてもよいだろう。自由感想として思い浮かんだことから、人生の意味を考えるような深いテーマまで、幅広く意見を交換するという方式の自由連想型読書会も考えられる。本の中から「名言探し」をするのも非常に面白い。見つけた名言を共有することでさらに面白くなる。

　平塚市中央図書館では、「RUN×LIBRARY」という企画を実施したことがある。ランニングのコーチに講師を依頼し、図書館が資料を紹介し、図書館から目的地まで実際に走った。参加者からは好評だったという。

　このように本と違うテーマとをかけあわせることで、本の楽しみを倍増させることができる。コラム⑨でも紹介したえほん未来ラボ（通称「えみラボ」）[11]代表のドンハマ★こと濱崎祐一氏は、「SDGs×絵本」「就活×絵本」など、「○○×絵本」というキーワードでさまざまな社会実験のアイディアを生み出している。とくに絵本を人から人へと手渡し、一言感想を書き留めていく「旅する絵本♡」プロジェクトには賛同者が多く、日本各地で展開されつつある。

　第9章で論じられた「精神次元を体験する旅」と図書館とをかけあわせると、「図書館と観光」「旅と図書館」「library tourism」というテーマが思い付き、全国の魅力的な図書館、たとえば高山市図書館煥 章 館（岐阜県）、恩納村文化情報センター（沖縄県）、武蔵野プレイス（東京都）、剣淵 町 絵本の館（北海道）などが次々浮かんでくる。建物や空間、本の品ぞろえが魅力的で、そこに

10) いもとようこ『まいにちがプレゼント』金の星社，2018年
11) えほん未来ラボ　https://ehonmirai-lab.org/　（2022年1月5日参照）

行くことを考えるだけでもワクワクする。旅は行く前の計画、行くとき、行った後の振り返りと３回楽しめるというが、旅の中にこうした魅力的な空間を持つ図書館を訪問する機会を持ちたいものだ。長居しなくとも、小一時間で、日常を離れて心が飛躍する時間を体験できるだろう。地域と少し離れた図書館を訪問した後、そこで出会った本を入手して読んだり、本のある風景を思い出して人と語り合ったりするのも楽しい。世界一美しいと言われるウィーンの宮廷図書館をはじめ、観光名所にもなっているような魅力的な図書館は外国にも多く、訪問者に強烈な印象を残す。その多くは読むための図書館というよりは、本と建物が織りなす空間の美しさである。

　図書館だけでなく、書店もブックカフェも、お洒落で魅力的なところがたくさんある。このような「本のある暮らし」の空間は、写真で見て想像するだけでも楽しい。紙の本が多くある空間には、どうやら癒し効果もあるようだ。実際には出かけることが難しくても、「本をめぐる旅」を想像するだけでも、心満たされる体験価値になるかもしれない。そして、本との出会い、本をめぐる旅、本のある暮らしを語り合うことで、「共感」という新たな価値が生まれる。地域の図書館はそのような場ともなることができるだろう。

図書館を利用した「態度価値」実現と「共苦」

　態度価値とは、フランクルの「それでも人生にイエスと言う」という言葉で表現されるように、創造価値も体験価値も見出すことが困難な逃れられない運命、たとえば病気や障害、愛する存在との別離、過去に犯した罪、迫りくる死という、もはや変更不可能な悲劇に直面した人が、それでも意味ある生き方をしようとするときに、その内面に実現される精神次元の意味である[12]。

　第10章で論じられたネット・ゲーム依存の背景には、快楽への志向より前に孤独で自由を制限された苦痛がある可能性が指摘されている。苦痛からの逃避が快楽への依存を強める。依存した結果、精神次元の自己距離化（自分を客観的に見て意味を見出す力）、自己超越（心身態の欲求よりも意味を優先させる意志の力）が弱まり、意味ある生き方を選ぶことができなくなり、結果、ます

---

[12] 前掲「解説　フランクルの実存思想」, p.196-199.

ます生きる意味を感じられなくなるという悪循環に陥る。悪循環は自力では抜けられず「依存」状態が続く。執筆者の智田氏は精神科医としてこの苦悩に寄り添いつつ、予防啓発に努めている。

　電子機器から片時も離れられない状態が続き、電子空間に没入すると、身体の次元を忘れてしまう。スマホは便利だが、意識的にデジタル環境から離れて自分の身体感覚を取り戻す時間も必要だ。運動をすることも身体感覚を取り戻す方法だが、ここでは運動というフィジカルなものとネットやゲームというバーチャルなものとの中間にあるものとして、「スマホを切って図書館で過ごす」というライフスタイルを提案したい。図書館までいつもと違うルートや方法でたどり着き、書架をめぐり、本を手に取り、ページをめくり、ときにメモをとることによって、身体次元の感覚を取り戻す。

　「本の森」である図書館には、スマホの中の世界に負けない、一生かかっても読み切れない魅力的な本が待っているだろう。何より重要なのは、リアルの世界でその体験を、共感を持って聞いてくれる人の存在だ。その支えがあって、凍り付いていた意味への意志が息を吹き返し、依存から抜け出る一歩を踏み出すことができるのだ。第11章では「喪失体験からの意味回復プロセス」が精神次元の成長とともにあることが示されたが、そこでも「共感してくれる他者の存在」が意味への意志の回復の支えになることが示唆されている。

　第12章では、病と死に直面し、あるいは愛する子との惨い死別という悲劇的運命に直面して、なお意味ある生き方をしようとする方たちが紹介されていた。そのお一人である本郷さんは、自らの苦難の経験をもとに絵本のグリーフケアライブラリーを作られた。「しんどいときは字を見ることができなかった。色に反応して絵本を開いて、あ、涙が出ている、という体験をした」から、絵本なのだと語られている。苦悩する人生に寄り添う本や絵本との出会いを、図書館はもっと意識してもよいかもしれない。

　フランクルが強制収容所から解放されて一気に書き上げた著書『夜と霧』は、それ自体が読書療法にもなるようだ、とフランクル自身が言っている[13]。東日

---

13) 前掲書『フランクル回想録』, p.178. 例として戦争で両足を失ったイスラエルの男性が『人間の意味探求』(*Man's Search for Meaning*) のヘブライ語訳を読んで明るさを取り戻したことが書かれている. この『人間の意味探求』は, 『夜と霧』(原書タイトル *...Trozdem Ja zum Leben sagen*) の英訳版である.

本大震災で日常の崩壊を経験した東北地方の書店には『夜と霧』が大量に並んだ。多くの人が、絶望的な環境で絶望に沈まなかったフランクルのこの書物を新たに求めた。苦悩の渦中にあるとき、その傍らで癒し、同じ目線で励ましてくれる書物があれば救いになる。図書館は不可避の運命に立ち向かおうとしている人たちの心の支えになるような書籍紹介もできる（図書館の立場からは、あくまで参考として提示するのであり、選ぶのは利用者の判断ではあるが）。

国立国会図書館が全国の図書館のレファレンスサービス事例を登録しているレファレンス協同データベース[14] を見ると、知識的な調べ事だけではなく、ほとんど悩み事相談のような相談も図書館に多く寄せられていることがわかる。

たとえば、「自身の子ども（10 代）から整形をしたいと言われた。家族で相談していきたいが、相談してきた子どもの気持ちや、どのように話し合い声をかければいいのかがわからない。参考になる本はないか」という相談事例がある。この相談を受けた図書館員は、すぐに資料を探しに行くのではなく、相談者に詳しい内容を聞き、適切な情報ニーズを引き出そうとした。回答として出された図書は、即日の回答要求であるにもかかわらずいろいろな視点から提案されている。

また、学校図書館の事例ではあるが、「かわいくなるにはどうしたら良いか」という高校生の質問に対して、学校司書が真摯に受け止めて一緒に書架を確認して納得のいく資料を探している。最終的に、見た目を良くする方法が書いてある本だけでなく、心理学の視点や人生訓など、「自分を好きになる」という考え方の本を紹介しているところが印象的だ。また、自館だけでなく、近隣の市立図書館からも資料を借り受けてニーズに応えようとしている。

容姿はある程度後天的な努力で変化させられるが、先天的な、つまり不可避の運命であることもある。上記のレファレンスの回答には含まれていなかったが、『顔ニモマケズ』[15] という書籍では、病気で容姿に非常に大きなリスクを負った人たちがどう人生と向き合っているかが述べられている。この方たちの人生観、その強烈な態度価値の力には圧倒されるばかりである。わずかだがトリーチャーコリンズ症候群を患う石田祐貴さんのインタビューから抜粋で紹介したい。

---

[14] レファレンス協同データベース　https://crd.ndl.go.jp/reference/　（2022年1月5日参照）

[15] 水野敬也著『顔ニモマケズ──どんな「見た目」でも幸せになれることを証明した9人の物語』，ミズノオフィス，2017

僕はやはり、世の中にあるものは、どんなものにも何か意味があるんだと思います。この症状を持って生まれたということは、この症状を持っている自分だからできること、自分だからやりやすいことがあるんじゃないかと。たとえば、僕がファーストフード店でアルバイトをしていたとき、お客さんでお店にメールをくれた人がいたんですね。その内容は、「私も障害を持っていますが、あなたが働いている姿を見て勇気づけられました」というものでした。そのとき僕は、ファーストフード店のレジ係ではなく厨房で働いていたんです。でも、その人は、僕の存在に気づくことができた。つまり、僕はトリーチャーコリンズ症候群という、誰が見ても一瞬で分かる症状を持っていたからこそ、あの人を勇気づけることができたんです。だから、この症状を持って生まれた僕には、僕だからこそできることがきっとあるはずで、それをこれからも探し続けていきたいと思っています。[16]

　変更不可能な悲劇的運命を、意味のもとに引き受け、意味で満たすことで態度価値が実現される。そのありようは、人を通じて直接に知ることもあれば、書物や映像を通じて知ることもあるだろう。態度価値は、触れた者をも感化する力を持つ。この感化は、葛藤しながら苦悩の中の意味を見出す姿への「共苦」（compassion）から生じる。

　レファレンス協同データベースには、他にも心の悩みを相談した事例がある。「すぐにキレてしまう自分をなんとかしたい。絵本やマンガなどわかりやすい「怒り方」の本はないか」という質問に対しては、『イライラを手放す生き方』やアサーション（相手を尊重しつつ自分の意見を伝えるコミュニケーション方法）を解説した漫画を紹介している。

　若手教員からの「生徒の悩みを聞き出す方法のヒントになる本を紹介してほしい」という相談には、すでに質問者が手配済みの資料を確認したうえで、その他の資料を6件探して紹介している。

　苦悩の中にあって、それに見合う意味を独力では見出せずに苦しむことも多い。身近な人や知人に頼れないとき、書物に答えを求め、見出すこともあるだ

---

[16] 前掲書『顔ニモマケズ』p.169

ろう。このような利用者の相談に応えるレファレンスサービスは、単に問題解決の手段を教えること以上に、相談者の心に寄り添う（バイザイン）というプロセスにもなっており、苦悩の中に意味を見出そうとする、意味ある苦悩を生きようとする生き方への支援でもある[17]。

　ただ苦しむのではなく、意味のもとに苦しみ抜くということは、人生で何かを成し遂げることに劣らない価値を持つとフランクルは言う。エリザベート・ルーカスは、自らの意志で苦悩に意味ある態度を取り、態度価値を実現する人々を「隠れた英雄」と呼んだ。『置かれた場所で咲きなさい』[18] の著者である渡辺和子は、下記のように「苦歴」という考え方を述べている。

　　　履歴書を書かされる時、必ずといってよいほど学歴と職歴が要求されます。しかしながら、もっとたいせつなのは、書くに書けない「苦歴」とでもいったものではないでしょうか。学歴とか職歴は他の人と同じものを書くことができても、苦歴は、その人だけのものであり、したがって、その人を語るもっとも雄弁なものではないかと思うのです。
　　　文字に表すことのできない苦しみの一つ一つは、乗り越えられることによって、その人のかけがえのない業績となるのです。[19]

　「乗り越えられた苦悩は業績である」とは、態度価値の考えそのものである。「苦歴」は、学歴や職歴のようなデータとしては「書くに書けない」ものでありながら、やむにやまれぬ思いから、その体験を文として書き表す人たちがいる。そのような書物を通じて、私たちは隠れた英雄と出会うことができる。その出会いがもたらす感慨は、創造的な喜び（創造価値）や体験的な喜び（体験価値）とは違う、「これほどの苦悩の中にあって、よくぞこのような生き方をしてくれた」という心からの称賛である。

---

[17] ただし，レファレンスサービスを通じて図書館が提供できるのは，あくまでも参考となりうる情報源ということであって，人生相談の回答を直接に与えることはしない．どの本を読み，どの考えを参考にするかは，利用者自身が選ばなくてはならない．この点も，相談者自身が果たすべき責任を自覚すべきだとするロゴセラピーに通じる点だと言えよう．
[18] 渡辺和子『置かれた場所で咲きなさい』PHP 研究所，2012
[19] 渡辺和子『どんな時でも人は笑顔になれる』PHP 研究所，2017，p.25

フランクルは、晩年、視力が著しく低下し、ほとんど見えないほどになった。しかし、そのことを苦にする言葉は一度も吐かなかったという。フランクルは、生涯を通じて自らの苦悩の意味を生き抜き、他者の苦悩に寄り添った。

　フランクルが亡くなる直前、著書『苦悩する人間』の中に、夫人に書き残したメッセージがある。最後に引用したい。[20]

　　……その下には、ほとんど失明に近かった彼の不規則で斜めに曲がった文
　　字がある。フランクルの筆跡を知り尽くしている者でも判読がむずかしい
　　ほどだが、それはこう書いてあるのだ。

　　エリーへ
　　あなたは、苦悩する人間を愛する人間に変えてくれました。
　　　　　　　　　　　　　　　　　　　　　　　　　　　　ヴィクトール

[20] ハドン・クリングバーグ・ジュニア著，赤坂桃子訳『人生があなたを待っている 2〈夜と霧〉を越えて』みすず書房，2006年，p.510　原文は „Für Elly, der es gelungen ist einen einstigen „homo patiens" in einen „homo amans" zu verwandeln. Viktor"（一人の「苦悩する人間」を「愛する人間」に変えてくれたエリーへ）

謝辞

本書の刊行にあたっては、多くの方のお力添えをいただきました。

まず、ご寄稿くださった執筆者の皆様、インタビューにお答えくださった皆様に感謝申し上げます。とくに、河原理子さんの取材に応じてくださった梶川哲司さん、本郷由美子さんは、言葉に尽くせないご自身の苦悩の体験から紡ぎ出したお言葉を寄せてくださいました。深く感謝申し上げます。

カバーイラストをご提供くださった長井光世さんからは、「ぶどうは古来より「豊かさ」「実り」などの意味があります。この書籍を手にする方々が、より豊かな人生を歩めますように」とのメッセージをいただきました。

フランクル思想と情報学との接合というテーマについては、東京大学名誉教授の西垣通先生からご示唆とお励ましをいただきました。

公益財団法人上廣倫理財団からは2016年度と2017年度に研究助成をいただきました。助成金を利用してオーストリア、ドイツに訪問し、フランクル博士にゆかりの方々とお会いすることができました。蝋燭をめぐる省察をお教えくださったエリザベート・ルーカス先生、ロゴセラピーとフランクル博士に関するお話を聞かせてくださったウィーン・ヴィクトール・フランクルセンターのヨハナ・シェヒナー氏とヘルマン・シェヒナー氏、ハイデマリー・ツュルナー氏、フランクル博士の助手を務められたハラルド・モリ氏、南ドイツ・ロゴセラピー研究所のオットー・ジョーク所長とナディア・パロンボ氏、そして、お時間を割いてお会いくださったエリー・フランクル夫人と、ご仲介くださったフランツ・ヴェセリ氏に感謝申し上げます。

最後に、本書の企画実現にご支援をいただきましたキャンパスサポート（出版担当）の原裕さん、短期間での編集作業にご尽力くださいました東海教育研究所の原田邦彦さん、DARWIN ROOM の稲英史さんに御礼申し上げます。

2022年2月

編者　竹之内禎

著者紹介（＊＝日本ロゴセラピスト協会認定ロゴセラピスト）

著者（五十音順）

岩田考司（いわた　こうじ）＊　精神保健福祉士、公認心理師

江口泉（えぐち　いずみ）　スクールカウンセラー、絵本セラピスト

大井奈美（おおい　なみ）　山梨英和大学専任講師

勝田茅生（かつた　かやお）　南ドイツ・ロゴセラピー研究所公認ロゴセラピスト、
　日本ロゴセラピスト協会会長、フランクル・カウンセリングセンター主宰

河原理子（かわはら　みちこ）＊　ジャーナリスト、東京大学大学院情報学環特任教授

草野智洋（くさの　ともひろ）＊　琉球大学人文社会学部准教授

久芳誠子（くば　せいこ）＊　インドネシア語通訳

小林陽子（こばやし　ようこ）　視覚障がい者のためのメンタルスキル講座 LaLa 代表

竹之内明子（たけのうち　あきこ）　東洋英和女学院大学ほか非常勤講師

智田文徳（ちだ　ふみのり）＊　未来の風せいわ病院理事長、精神科医師

西田洋平（にしだ　ようへい）　東海大学講師

平塚園枝（ひらつか　そのえ）　前橋文化服装専門学校校長、絵本セラピスト

深野稔生（ふかの　としお）　広告デザイン会社（株）深野プロ会長、公益法人日本
　山岳ガイド協会所属　山岳インストラクター

福井みどり（ふくい　みどり）　（財）ライフ・プランニング・センター健康教育サー
　ビスセンター副所長、日本カウンセリング学会カウンセリング心理士、絵本セ
　ラピスト

ローレンツ・ポッゲンドルフ（Lorenz Poggendorf）　東洋大学国際観光学部准教授

丸山優子（まるやま　ゆうこ）　産業カウンセラー

渡辺祥子（わたなべ　しょうこ）＊　フリーアナウンサー、朗読家

カバーイラスト

長井光世（ながい　みつよ）　イラストレーター、愛媛県松山市在住

170

編著者

竹之内禎（たけのうち　ただし）*　法政大学文学部哲学科卒業、図書館情報大学
（現・筑波大学）大学院情報メディア研究科博士後期課程修了。東京大学大学院
情報学環特任講師等を経て、東海大学准教授。博士（情報学）、絵本セラピスト。
著書に『情報倫理の思想』（共編著訳、NTT出版、2007）、『情報サービス論』
（編著、学文社、2013）、『情報倫理の挑戦——「生きる意味」へのアプローチ』
（共編著、学文社、2015）ほか。

生きる意味の情報学

2022年3月26日　第1版第1刷発行

編著者	竹之内禎
発行者	村田信一
発行所	東海大学出版部 〒259-1292 神奈川県平塚市北金目4-1-1 TEL：0463-58-7811　振替：00100-5-46614 URL：https://www.u-tokai.ac.jp/network/publishing- department/
印刷所	港北出版印刷株式会社
製本所	誠製本株式会社

© Tadashi TAKENOUCHI, 2022

ISBN978-4-486-02189-6